追愛

Chasing Love

談一輩子的戀愛

戀愛要很認真,
很有趣, 要很好玩、很健康。
但當你慢慢變老了,
怎樣才能不斷的「追愛」?
換句話說,
要談戀愛, 就要談一輩子。
《追愛》這本書,
就是讓你學習如何去追愛一輩子,
談一輩子的戀愛。

全美暢銷書作者
陳海倫 著

序

追愛

「追愛」到底是在幹什麼？怎麼追？又該怎麼愛？

追愛，其實就是在「談戀愛」。談戀愛是在幹些什麼呢？所以，我們要先來分析一下所謂的「追」。

追，就是有一個賽跑的味道，有一個人在前面，另一個在後面追。如果沒有一個目標，是在追什麼呢？既然是追，就是要追到目標，追到了就是勝利了、抓到了，這個過程就是在追的這段路裡，拚命到達目的為止。

在動物的世界裡，獵物被追到就等於是完蛋了，所以在追的過程中，兩邊都很刺激，一個要得到，一個怕被追到。然而，在人的世界就不一樣了。以愛情的領域來說，不管是女追男，或是男追女都是一樣，只是性質不太一樣。被追的人其實也很怕被追上，可是那種害怕，並不像動物生存的追逐裡面對死亡的那種害怕，那種感覺是一種刺激，甚至有可能希望被追到，就是擄獲芳心，那這場遊戲就結束了。這就是為什麼男女朋友有時不再對彼此有興趣，不想玩了——遊戲就結束了，所以就再尋求下一個目標，因為追到了以後就不好玩了。簡單來說，是「追」的感覺讓人覺得很有意思。追到了以後，就沒那麼刺激了。

所以，這會變成一個現象：得到了，就不要了。

這很殘忍。在動物的世界，就是把你吃了，或是把獵物咬死，就不好玩了嘛。為什麼人類也有競技場，或是鬥牛？觀眾看的是過程，把牠殺了或吃了，那獵物最後的下場呢？就是被丟掉了。一方贏了以後，遊戲就結束了。

在人類的世界裡，尤其是愛情，就不是這樣的型態。譬如說，有些男人在追女人的時候，買棟房子、車子給她，每個月給多少錢，拚命獻殷勤。女孩子就認為自己被追，姿態擺得很高，就一直說不要，拒絕對方。男孩子很願意付出，後來條件談好了，女孩子終於願意了，一旦追到了之後，男孩子反而什麼都不給了，命運就變得很悲慘。

你想想看，到底追到了，之後要幹什麼？如果追到手了卻沒有要幹嘛，當然就會很慘。為什麼會有那麼多「分分合合」的事情？理由很簡單：因為好玩，保留著一份「追」的刺激感。如果不分開，就沒有再追的刺激了。所以，追到了就放掉，放掉了就再追，男女朋友就會有這種分分合合的事。

追愛

但是，這是一個比較愚蠢的方式，因為人畢竟不是動物。你仔細想想，老虎追到綿羊了，難道老虎會說：「好，現在我們休息一下！你先跑，你跑了以後我再來追！」讓綿羊嚇的要死。老虎追到了，又說：「又追到了。等一下你繼續跑，我今天晚上要先睡覺。明天早上等我醒來，我繼續追你。」動物的世界裡沒有這種事情。被追到，事情就結束了。

可是，人類就可以搞出這種「暫停一下，後面繼續」的事。如果追到了，到底還要幹嘛？

一般來說，追愛追到了，就結婚了，這叫完美的喜劇。可是，往往在這之後，悲劇就開始上演了！為什麼許多戀人在結了婚以後，就變得不好玩了？因為在剛開始的時候，女孩子打扮的很漂亮，她想要被追，如果條件不夠好、不夠可愛，沒有打扮的很漂亮，人家也不想要追她。至於男孩子獻殷勤，也是在追女孩子，兩個人都各懷鬼胎，一下我追你，一下你追我，兩個人追來追去，追到了，情投意合就結婚了。結婚之後就不再追了，就結束了。

序

所謂的「追」，就是遊戲。你要怎麼玩才會好玩？可以一直玩下去？人類的遊戲不是追到了就要把對方吃掉，追到了，該怎麼辦呢？

所以，為什麼「追」要真心真意？為什麼要訓練？為什麼要進步成長？就是為了之後的感情要繼續經營下去。如果追到了就結束了，那童話故事裡「公主與王子，從此過著快樂幸福的日子」，根本都是騙人的！書本闔起來，美好的故事結束了，現實生活就完蛋了，差不多要殺人了。要是後面不能夠繼續經營，結了婚就等於玩完了，那大家都不想追了，沒什麼好玩的，吃飽了以後就開始散漫了起來。所以，我主張「先結婚，再談戀愛」，就是要讓這個遊戲可以一直進行下去。要是你談完戀愛再結婚，遊戲就等於結束了，女孩子就不再打扮了，一直胖下去，男的就不追了，整天玩手機，這是很糟糕的狀況。

「追愛」是一門功夫，也是一種能力。你可以練這個基本功，提昇自己跟另一個人交心的功夫，後面才會愈來愈有趣。你要知道，高手過招是很好玩的，所以為什麼要一輩子在一起？因為兩個人的層次要相差不多，玩起來才有得玩。但現實的人生裡，不

追愛

可能每次都會遇到跟自己水準差不多的對象，這種機率並不是沒有，但不切實際。

為什麼要有同一個伴侶？因為必須累積愈來愈多的默契，愈來愈多心靈上面的交流，兩個人的互動才會愈來愈有趣，彼此也才會知道，該怎麼玩、怎麼追。

我很強調在愛情裡，你不是要去找一個跟你情投意合的人，而是要找一個願意跟你一起學習、一起進步的人；與其要碰運氣去尋找一個跟你實力旗鼓相當的對象，還不如想辦法花時間去培養、磨合出這個理想的對象。這就像打羽毛球、乒乓球，為什麼這些隊伍一直一起來打？因為你跟別人打，層次、水準不一樣，就沒那麼好玩了。你跟常對練的對象打，即使有輸贏，可是還是要有那個層次，你知道彼此之間進步了什麼，哪裡需要再加強。如果兩邊的層次完全不一樣，就不好玩。

有些時候，老的看年輕的，就沒什麼好玩，年輕的看老的，也是不好玩。這也沒什麼誰對誰錯，也不是什麼年齡的問題，都不是。那只是一個年輕的，喜歡刺激的，就要跟愛刺激的在一起才會好玩。青澀的跟青澀的，那麼喜歡出老千的就是要跟老千在一起玩，才有話題講，才會有東西聊。這是「境界」不一樣的問題，是非常重要的互動關鍵。

所以，兩個人在一起要不斷的創造，一直切磋琢磨，再有另外一個目標，不斷的繼續追下去。兩個人互相追，追到最後就會非常有默契，有情趣，到了這樣的時候就會合為一體。在這之後，又要幹什麼呢？必須追求另外一個目標——那個目標不是我把你殺了，或是外遇、追別人，不是。那個目標，是兩個人一起去追一個同樣的目標跟夢想，或是幫助彼此去完成彼此的夢想，遊戲才能繼續下去。

「追愛」究竟是怎樣的哲學？我們先結婚，然後談一輩子的戀愛，這就是追愛最終的目標。

愛情，原本是兩個人的世界，彼此之間的認知或許不一樣，後面慢慢變成兩個人的世界合為一體，但仍須不斷的突破，討論怎樣去經營、進步成長，再去追下一個我們共同的獵物，從這樣的人生態度，就可以有另外的目標跟方向。

這條路當然不簡單，所以成功的人並不多，就像世界冠軍本來就是少數。但是，我們都要有基本的「追愛」觀念，就是找到目標，不斷的努力，經歷困難，堅持到成功為止，這就是「追」的境界。要追的是對方的心、認可及征服，擄獲芳心，這是「追愛」

的定義。在感情上，我們彼此已經結合，我們已經完全達到是一體的，接下來就要有不一樣的開拓，找到下一個目標，不斷地延伸再擴大，這就會變成我們兩個人共同的目標，然後一起攜手走到終點，這是最高的境界。

心橋顧問公司總裁　陳海倫

目錄

追愛

目錄

第五章 追愛

第六章

目錄

追愛

第九章

第一章

愛情的定義

「愛情」，到底是什麼？

愛情，確實是很玄妙的東西。

關於這兩個字，你可以去查字典，或是上網去搜尋，或許上頭都有明確說明，但不一定每個人都能明白那種奇妙的「感覺」。不管是看小說、看電影，或是談到戀愛經驗、論述個人的感受，再怎麼鉅細靡遺的解釋，也都是個人的感覺。就算看同一部電影，不同的人，感受到的心情、能夠感動的情節、想要追尋的目標、希望達到的境界，也都不一樣。正因如此妙不可言，很難具體描述「愛情」這兩個字的定義。

如果從感覺上來敘述，「愛情」就是一種叫人為之瘋狂、欲罷不能、難以捉摸控制、不知怎麼一回事，就是一股腦想要衝下去，煞不了車，也不想停下來，彷彿上了癮似的，而且發自內心充滿無限的喜愛。不管過程有多苦，都叫人甘之如飴。當一個人擁有了愛情，這世界上所有正面的字眼，幾乎都可以使用在他的身上——意志不堅的人，開始學會了堅持；不負責任的人，也開始有了擔當；一向懦弱的人，最後也變得勇敢，彷彿魔法一般，神奇的不得了。

不過，這種力量也可能會被運用在不好的領域。你會發現，許多的醜聞或是詐騙事件，那些光怪陸離的事，例如仙人跳、情殺、自殺，騙錢又騙身、賠了夫人又折兵等等狀況，那些偏差錯亂的社會案件，有很多例子都跟愛情扯上關係。

舉出這些正面、反面的例子，也不過是要說明愛情的力量是相當強大、具有影響力的。一個人可以為愛情而瘋狂，但並不表示每個人都會因為愛情而做出不可理喻的事情。有些時候，一個人確實會因為受到愛情的影響而誤入歧途，但這並不是「愛情」本身的問題。

愛情，確實擁有讓人瘋狂的力量。可是，一個人會不會誤入歧途，還是要看個人的理智程度與修養。當一個人的個性上具有偏差錯亂的時候，他的愛情是會變質的，甚至以愛情之名，行放縱之實。這些表面上看起來是由愛情所引發的問題，追根究柢之後，你會了解並不是愛情的錯，而是個人操守的問題。

再從另一個角度來說，愛情是一種讓人會想要變好、變漂亮、變完美的正面力量。它是一種精神上的質感，讓人以身相許，讓人願意負責，然後永遠保持你當初的承諾

——當然，這也關係到個人能力的差異，並不是每個人都能做到完全一樣的程度，但愛情就是具有這種特質，可以對另一個人付出、做出各種的承諾與犧牲，或是呈現出前所未見的感動，還有超乎預料之外的意願。

愛情，是一種異性相吸的特質，也是一種「性」的吸引。只是，不一定要有性愛，它是一種對異性的愛慕，想要完全擁有，而且是獨特唯一的，彷彿「在我眼中，全天下只有你一人」、「你就是全世界」、「有你就滿足了」的這種味道。

愛情，可以是純粹精神的境界，可以超越物質的領域。它就是美、就是深，令人動容，令人心醉。有句話說：「問世間情為何物？直教人生死相許」，這種好像中了邪、喝醉酒才會講出來的奇怪話語，問你到底情為何物？解釋了半天，也說不出個所以然來。但實際上，你心裡很清楚、很明白——愛上一個人，就是這麼的執著。

愛情真的很美，人人嚮往，值得追求。一生只要擁有過一場美麗的愛情，將不枉此生。生活有了愛情，就幸福無比。有了愛情，生命便有了不一樣的光彩。愛情教人永遠歌頌，永遠追求，永遠著迷。

什麼是愛情裡的「圓滿」？

愛情的「圓滿」，就是要結合，就是兩個人要在一起；就算是身體不能在一起，心也要在一起。簡單地說，就是心裡一定要有你。

所謂的「圓滿」，就是最好的狀況：生死相許、相親相愛。結婚，就是完成愛情的圓滿。不管好日子、壞日子，生病、健康，快樂、悲傷，有福同享、有難同當，不分彼此，一起努力，互相扶持、包容與鼓勵。

很多現代人只想談戀愛，卻不願意結婚了。我之所以如此積極作媒、推廣婚姻，就是為了讓愛情能夠圓滿。兩個人在一起，如果最後不是組一個家庭，不能相愛一輩子，沒有這樣的結局，其實都是悲劇收場。既然我們希望圓滿，結尾就應該是喜劇，希望大家都能很開心，如你所願，白頭偕老。所以，愛情的「圓滿」很清楚，就是要在一起，就是要相愛一生。

愛情有各式各樣的型態，很多想像不到的情況都有可能發生。有些讓人痛苦難受，甚至還要冒著劈腿的風險，或是去跟對方提分手，或是兩個人愛上同一個人——三人

行，到底行不行？發生這些狀況，都不能算圓滿。

話說回來，為什麼不要搞劈腿，不要搞外遇？其實理由很簡單。如果你把愛情搞成這樣，就像是有瑕疵的藝術品——有一張你很欣賞、很漂亮的油畫，現在你要把它撕成一半，那種撕裂的心情，想必非常劇烈、非常難受。就拿「劈腿」這個詞來解釋，為什麼要用「劈」來形容？你先想像有一顆樹，當你拿著斧頭朝著樹幹砍下去，只要經過這麼一劈，這棵樹的結構就不再圓滿。雖然有些時候，你可以選擇原諒，可以浪子回頭，但是，既然講到「圓滿」，就是有始有終，從一開始到結束都讓它非常完美，這就是每個人都希望的圓滿愛情。

既然「圓滿」這麼好，大家都愛圓滿收場，為什麼愛情的悲劇還是那麼多呢？會有那些不圓滿或是破壞，就是很多地方沒有被弄好。如果你愛上某個人，或是別人愛上你，兩人心中所希望的，就是永遠結合在一起，不管好日子、壞日子都一起度過，即便月有陰晴圓缺、人有旦夕禍福，不管怎麼經歷，最後還是一起終老。

為什麼老夫老妻的故事會如此感人？就是兩人一起走到結束，走到離開世界為止，就是真的圓滿。愛情所要的圓滿，在這裡給大家一個明確的方向，非常簡單：就是要相愛，要在一起，這樣而已。

如果將愛情形容成一幅畫，會是什麼樣子呢？

每一個人的畫面，都是不一樣的。

愛情，不會是一個定位、一個框框，或是一個標準、一個答案，它只能是一種感覺，而且因人而異，每個人的要求都不一樣。就像我們在欣賞一張美麗的畫，每一個人的詮釋都不一樣，每一個人喜歡的不一樣，每一個人希望的、感受的，都不一樣。但是，它一定會產生類似的共鳴，也就是說，雖然這張畫帶給每個人的感受都不一樣，但是能夠讓大家欣賞、喜歡的感覺，是很接近的。

更進一步來說，如果愛情是一幅畫，你心目中的這幅畫會是什麼樣子？它給你的感覺到底怎麼樣？如果你覺得美，它給你的感覺是很獨特、唯一的，你會為之動容，有一種印象強烈的感覺。

有些人喜歡的感覺是舒服的，不管是畫面的色彩、風格、內容，給你的感覺就是舒服。

有人喜歡的感覺是飄逸，就像女孩子在跳現代舞，給人一種瀟灑脫俗的感覺。

也有些人喜歡大膽的用色，就像梵谷的作品，給人的感覺很鮮豔，很特別；同樣是印象派，他的畫感覺就是不一樣。

有的人喜歡烈火，要燃燒、熾熱、大紅大紫，他心裡想要的就是這種感覺。

有的人要的就是很溫和，是溫暖的，偏好挑選粉色系，很淡，很柔，很雅緻。

有的人覺得簡單就是美，構圖不必複雜，簡單的線條就能呈現出所有的想法，像一杯簡單的白開水。

每個人想要的，都不一樣。

所以，那幅畫會是什麼樣子？沒有一定的答案。就像是世界名畫《蒙娜麗莎的微笑》，有人看過的感覺很好，但也有人是不欣賞的。有的人喜歡印象派，看起來模模糊糊；有的人喜歡畢卡索，風格強烈的要命。這就是差別。所以你說，那幅畫看起來應該是怎麼樣？這是因人而異的。

每個人對照他自己對於愛情的感覺，都有屬於他的那一幅畫。那幅畫，在你心裡的感覺跟想像，就跟男人喜歡的女人一樣，各式各樣都有可能，光是「性感」這個項目，每個人覺得性感的標準都不同；但是，不管再怎麼不一樣，那種美一定能夠讓你動容。至於怎麼個美法、怎麼樣才會令人動容，那就是個人的感覺。如果一個人真的覺得這幅畫很美，他會印象強烈，他會覺得獨特、唯一，那種感覺會讓人覺得刺激。

這個世界是非常有意思的。你所認為的美女，或是心中有所愛慕的人，有時候還沒人跟你搶，她對你來說是獨一無二的，每個人都有適合個人的「菜」，這就是很有趣的地方。

所以，不必一直要去想那個「標準」是什麼——其實是多餘的，就是沒有標準。至於你所設定的那個標準，就是你在愛情裡所要追求的東西。但在那之前，你必須要先了解：你要的愛情是什麼？那幅畫會是什麼樣子？這就是你自己要去構思的事情。

愛，要如何一直延續下去？

我們常在討論一件事：戀愛要很認真，很有趣，要很好玩、很健康，但是大家都要學會怎麼認真，怎麼樣在乎你的另一半，不管發生什麼事，都還能保持「追」彼此的甜蜜。可是，當你慢慢變老了，就不可能使用全力衝刺的那種追法，儘管如此，還是要保持一些很重要的細節。

所以，我們才會提倡，怎麼樣才能不斷的「追愛」。先結婚再談戀愛，換句話說，要談戀愛，就要談一輩子。你先結婚，之後再開始「追」，這個過程，就是讓你學習如何去追一輩子，非常的美。

以我自己為例。我常特別打扮，為了讓自己漂亮，做很多的努力，只為了贏得老公的一句話：「妳好美。這麼多年了，妳還是這麼迷人，好漂亮，娶妳真好。」

聽到他這樣的一句話，我知道，我已經成功地贏得老公的心。當他確定娶了妳就是最好的選擇，肯定妳是最棒的老婆，後面說的情話，就會有了更豐富的層次，也會更感人。

第一章　愛情的定義

既然要「追」，就要一輩子的追下去。兩人心心相印，酒越陳越香，越老越好。你可以看看那些感情甜蜜的老夫老妻，到了七八十歲還是形影不離，兩個人仍然會撒嬌，會互相照顧，幫對方拿個衣服，幫他拿個拐杖，所有的舉動都很親密，這些都是繼續在「追」的動作，只是表現的形式不一樣。這個就是追一輩子的表現。如果感情沒有到達這樣的水準，老實說，滿悲哀的。因為當你結了婚，遊戲就結束了，就完蛋了，彷彿綿羊被獅子吃掉，就不好玩了。想當然，你的婚姻相形之下是不幸福的。

我們既然身為「人類」，就是要思考：怎樣可以「追」一輩子。大家都不想要遊戲結束，遊戲結束就不好玩了，兩個人乾瞪眼，沒什麼好說的，就只能用「同床異夢」之類成語去形容這般的窘境，這不是我們要的結果，男人不希望這樣，女人也不想要這樣。

所以，我們每一天都必須要「追」，每一次的相遇，就等於一次又一次的約會，男孩子會挑逗女孩子，女孩子會吊男孩子胃口，或是我們平常所知道的一些慶祝，像是結婚紀念日，或是買什麼東西給對方作為驚喜，或是兩個人到以前戀愛的地方，或是去旅

行等等，這些都是追的細節，都是追的表現；有時候逗弄你一下，戳一戳啦，打情罵俏，這些都是增加「追」的樂趣。平常要打扮，換個衣服，增加新鮮感，這些小動作全都是在「追」。

把「追」的動作當成一次又一次的遊戲，男生每一次都要成功擄獲女孩子的芳心，女孩子則要得到男孩子的真心相待，當你獲得一次又一次的勝利之後，就會帶來很大的信心，很多的滿足，兩個人越來越有默契。繼續去做這樣的事情，叫做不斷的「創造」，讓生活越來越有趣，而且永遠不疲倦。

可是，有人會說：「這樣幹，很累啊！」

沒錯。但更殘忍的事實是：如果你不這樣幹，後面發生的結果，會讓你更累。遊戲結束之後，有什麼好玩的呢？要是你一輩子都在尋找新的獵物，找新的對象，到後來你跑不動了，那就沒有意思了。如果你一直跟另一半都是保持在很新鮮的關係裡，可以一直追，而且彼此之間的默契愈來愈好，追起來就更有意思了。若是以工作的角度來看，就是等到你真的入行了，等到你真的累積功力之後，遊戲就會更好玩。

第二章

追愛的疑惑

「喜歡」一個人和「愛」一個人，有什麼不一樣？

喜歡跟愛，非常非常不一樣。

如果以感覺來講，「喜歡」就是一個好感。你覺得這個人很可愛，或是很欣賞；可是，這個感覺仍是可有可無的，好像看看就好、看過就可以了；或者是說，發生的時候讓你很喜悅、很開心、很自在、很舒適，但也沒有非要不可的衝動。

當然，這是一個很好的開始，或者是說，對方給你的感覺相當不錯，但還是比較淡的，還沒有發生什麼特別的感覺，完全就是一種很好的感覺、很好的印象。

至於「愛」呢，就不一樣了。

愛，是一種很強烈、不能忘懷的衝動。因為很想擁有，你會很想和對方在一起，你會朝思暮想，好像是中毒一樣，你會一直去看、一直去追、一直去找，有那種強烈的興趣，看看他在哪裡。你會希望在一起，然後會「給」很多東西，要願意付出，很想拚命。

當然，這是可以決定、可以選擇的。愛是一種能力，也是一個你想要去創造，跟你要去表現的東西。久了之後，愛就會越來越深。

至於喜歡，是「有也可以，沒有也無所謂」，那種關係長長久久，表面似乎還不錯，但是好像也沒怎麼樣。不過，喜歡久了，或是面對一個喜歡的對象，你開始去深度經營之後，它就會轉變成愛。

如果愛轉淡了，就會變成一種喜歡，感覺就沒有那麼強烈。可是，這種感覺如果完全是憑你的印象跟感覺，「喜歡」就是一種很自然的欣賞；至於真正的「愛」，是一種很強烈的精神，要往一個方向去突破、達到極限、為之瘋狂，質感是不太一樣的。

以「喜歡」的角度來說，就是跟這個人在一起很舒服，就只有這樣而已。當你愛一個人的時候，你會很想跟他一起終老，會很想跟他親近，你想要跟他抱在一起，兩個人要結合，不想離開，難捨難分，就是要一直黏在一起，特質上完全完全不一樣。

至於該怎麼去經營它，都是跟你自己的能力有關，跟你的訓練、決定有相當大的關係。不過基本上，喜歡跟愛確實不一樣，喜歡就是喜歡，愛就是愛，這兩個是截然不同的。

怎麼分辨我跟他是戀人，還是朋友？

其實，這個問題並不是很重要，因為答案是你自己說了算。戀人的關係，有時候像朋友；相反的，有些朋友關係反而比一般的戀人更像戀人。所以，不是一定要說「我們是戀人」，「我們是朋友」，才能界定出彼此的關係。

關於這個問題，如果你要的是一個定位的話，有一個非常容易分辨的方式：一般來說，朋友是沒有性關係的，至於戀人呢，是有性關係的。

不管是萍水相逢的朋友，或是情誼深厚的知己，彼此就是見見面，有的時候聊聊天，就是這樣。至於戀人，很有趣的地方是，雙方的性關係並不是隨隨便便。如果戀人的關係是有承諾的，我跟你在一起，就不會跟其他人去雜亂的胡搞，或是跟別人有多重的交往關係。

戀人有這一層關係，這是屬於你們兩個人之間的約定。當然，有些人是這樣，但也有些人並不是這樣想。一般來說，我們是戀人，就是因為有打算結合才在一起，變得比較相好，會成為一種承諾，最後會結婚，在一起真的是談戀愛，所以才叫做戀人。

當然，最好的戀人關係，是可以跟朋友一樣，差別就在是否有性關係，還有一個承諾。畢竟戀人就是你跟我，這層關係裡只有兩個人，容不下第三者，你是唯一的，是獨特的，那就是戀人。

朋友的關係是不一樣的。朋友之間的情感是友情，不涉及戀愛。你可以廣結善緣，五湖四海到處都是朋友，可以無限的一直交朋友。但是，朋友之間的關係並沒有那種「佔有」，「有你我就滿足」這種東西的。

戀人跟朋友之間，就是愛情跟友情的差異，性關係跟獨佔性，就是「只有我們兩個」的這種兩人世界，這是最好的分辨方法。當你發現雙方有這個層面的情感跟特質的時候，那就是從朋友升級成為戀人的時候了。

緣份不是命中注定的嗎？何不讓愛情順其自然的發生？

是的。我們一定要「惜緣」，所以珍惜身邊的人，尤其是愛你的人、喜歡你的人、要跟你在一起的人，這是絕對要珍惜的。不過呢，偏偏有很多人並不是這樣想，還要一直抵抗，不肯順從。所以，也不是所有人都願意這樣的惜緣跟順其自然。

「順其自然」當然很好。但是，所謂的「自然」，要到多自然呢？是都不必行動，還是只等著對方來照顧你，等人家來憐惜你，來依靠你呢？這也是一種「順其自然」。

我們不是要討論文字上的定義。畢竟，愛情是很可能隨時會發生的，但是發生了又怎麼樣？又要很「順其自然」的讓它消失殆盡嗎？有一些人，對於感情並不願意真正的負責，嘴上說著「順其自然」，但實際上並不是這樣。

有很多事情是可以挽救的，有很多東西是可以負責的，有很多東西是可以改變的。譬如植物，它可以順其自然的長出來，也長得很茂盛，花開得很美，果實結得很多，好像都不必努力，是不是這個意思？那麼，「順其自然」也有可能是什麼都不要做，放任它自然的毀滅、消失，是不是就很省力？這樣的「順其自然」的目的，到底又是什麼？

人，不是植物，是一個生命個體、精神個體，我們是有創造能力的。認識彼此，能夠惜緣，也順其自然的可能這樣就在一起。如果兩個人可以珍惜，創造出更好的甜蜜愛情，而且有能力去創造，也可以努力經營，這樣的生活會更快樂，人生也更有保障。

順其自然的道理，基本上是沒錯的，在此同時也要學會負更多的責任、進步成長，這樣生活就會「順其自然」的越來越好，這才是我們應該尋求的方向。

一個人的一生中，只有一次真愛嗎？

一個人的一生當中，可以擁有很多次的真愛，不是只有一次。但是，如果好好的經營，夠努力，一次就夠了，發生那麼多次真愛要幹嘛？

不過，這也不是說「一次就夠了」或是「多多益善」，跟次數多寡並沒有關係。真愛，當它出現的時候，就是很自然的發生了。有些人是因為丈夫過世了，又遇到別人，或是在某種情況之下，兩人分手了之後，又碰到別的人。你不能說一生只有一次真愛——可能比較上來看，可以說你比較愛哪一個人吧，哪一個是你最喜歡的，那個人對你來說就是真愛。但是，很多時候不見得分得出來，你可以同時都很愛這些人。

追愛

有一個非常好的例子。有一個女孩子，在她年輕的時候，嫁了一個年紀大她很多的丈夫，歲數差距五十歲左右。後來丈夫過世了，她到了四十幾歲時，嫁了一個年紀小她很多，大概二十歲的小伙子，婚姻也非常美好。

人家問她：「妳這兩次的婚姻，有什麼樣的感覺？」

她說：「兩次都很喜歡，兩次都很好，兩次都覺得非常美。」

所以，不是要比較誰比較真、誰不真，這沒什麼好討論的。當你真正很相愛，彼此都很喜歡，那就好了。至於好到什麼程度，每個人不一樣嘛。這有點像橘子跟香蕉，你硬要問說哪個好吃？其實也很奇怪。如果你很喜歡香蕉，同時也很喜歡橘子，那就沒什麼好比的，香蕉跟橘子本來就不一樣。

如果你很喜歡一個人，以愛的立場上來說，你就去結婚，認真的去愛，那就是得到一份真愛囉！這樣的結果就非常圓滿。不管在任何情況之下，即使是不一樣的對象，都一樣可能會有真愛出現。

所以，關於「一生會有幾次真愛？」的這個問題，是沒有答案的，沒有一定要這樣或一定要那樣。比較重要的是，當你個人的精神層次越來越進步，你也很認真的去對待感情，在人生裡，就可以享受真愛。當真愛發生的時候，你還是可以不斷的去追求。

其實，一生當中，確實可以擁有無限次真愛。如果你有那樣的機會當然是很好，但也不必要特別去追求。以一般人來說，一生擁有一次真愛就夠了。比較重要的是，你可以學會怎麼去追求真愛，讓自己成為一個有能力創造真愛的人，這才是最好的答案。

初戀，為何總是最動人？

其實，初戀也不見得一定最動人。它之所可以讓一個人感到很震撼、很迷戀，或是非常刺激，只有一個簡單的理由——第一次。

第一次，當然就很有新鮮感，刺激度高，彷彿發現尚未開發的處女地一樣的興奮。當你第一次看到某樣東西的深刻程度，跟總是習以為常的感覺，當然就不同了。

有很多事情，你會記得起來，正因為那是第一次，甚至一輩子都記得。印象怎麼會那麼深刻？或許大家遇到的情況都不一樣，但最重要的是，我們都經歷過情竇初開的時刻，那時，有很多事情都會讓我們感到非常興奮。

譬如說：初吻。過去的你，沒有接觸過那種敏感的感覺，也不明白那種心裡頭的緊張與小鹿亂撞是怎麼回事。所有的事情，幾乎都是第一次接觸時會比較興奮，如果初戀會讓人感到非常感動，那是人之常情。不過，這並沒有什麼特別的理由，好像初戀就一定是怎麼樣或是不怎麼樣。它之所以讓人動容，只是一個前所未有的新鮮感而已。至於到了後面，兩個人真正陷入愛河的時候，那種感動的程度，並不會亞於初戀。

「一見鍾情」跟「日久生情」，是不是都會找到真愛？

答案是：是的。這叫殊途同歸，一個快，一個慢，形式很不一樣，各異其趣。

「一見鍾情」是一開始就有好印象，充滿喜悅跟興奮，但也不代表之後就不會吵架。但這樣的好印象很特別，他在一開始相信的力量很強，信任度相當高。

「日久生情」就是慢慢來，但點滴在心頭，這種感覺會一直一直累積上去，一旦滾起來，到最後還真不可收拾。而且認識的時間久了，兩邊都非常踏實，也相當的有內涵與把握，因為熟悉了，也培養出真感情，這樣的感情不但很真，也非常感動人，有一種真材實料的味道。這就像酒越陳越香，時間越久越真心，真愛真的會被找到，會被感受到的。

只會等待的人，是找不到對象的嗎？

是的。因為沒有行動，沒有交集，沒有主動，就不會沒有進展。

一直被動的等下去，遙遙無期，幾乎是不可能發生，除非遇到一個百分之二百主動的人，這樣的人可以補足你不願意主動的那百分之一百。問題是，當你遇到百分之二百主動的人，你就會以為：「我不是不主動，才找不到對象啊！」你一定不會認為是自己的問題，怎麼可能啊？太突兀了。

不過，一直等待的這件事，本來就是讓人非常突兀。只要採用非常突兀的態度，就是會遇到非常突兀的結果，這不就搭起來了嗎？只不過，你並不會這麼覺得。這也是很莫名其妙的想法，有點像是等著神明把錢送到家裡來給你，那想當然爾，要等到什麼時候？當然是找不到對象的。

以為「等」就會有對象的人呢，其實只是在「幻想」。他腦袋所想像的都是一種理想狀態——幻想著某個理想的對象，總有一天會出現，對不對？他不曉得的是，那個理想狀態是需要經營的，是需要參與的，才會達到那樣的水準。

要是你一直不動，一直處於靜觀的狀態，坐在那邊等，永遠不會有開始的一天。更不要妄想要進入後期的階段，不管在時間上、空間上、物質上、情感上跟理論上，都不可能發生的！有點像是沒有懷孕，就希望有個自己親生的小孩；或者是沒有努力工作，就希望能擁有很多錢，這是很奇怪的想法。所以，當你完完全全杵在那邊，態度很被動，這些事情是不會發生的。

他明明喜歡我，為什麼不說？

這個理由真的太好笑了，怎麼用猜的玩呢？他不敢說啊！他不能說啊！他不方便說啊！

你怎麼知道，他發生什麼事情？

你怎麼知道，他是不是已經有女朋友了？

你怎麼知道，他是不是還在選擇？

他是不是在擔心什麼？

也很可能怕說了之後，你會罵他。

他也可能怕說了之後，就連朋友都沒得做了，可能你就不再理他了。

或者他認為，他說了之後，你會不會會錯意？

如果他說了，以後兩個人關係會變怎麼樣？會成為男女朋友，還是要論及婚嫁？

所以，他說了之後，你會怎樣反應，其實他心裡有很多顧慮。

萬一，他只想告訴你，他很喜歡你，可是他並沒有想跟你怎麼樣，那這下是不是你

追愛

會誤會他？如果他之後沒有要跟你怎麼樣，你會不會覺得這個人很無聊？因為每個人都有不同的標準。

如果他說要做男女朋友，你卻不要，他可能拉不下臉。如果他說以後沒怎樣，只是說說而已。那你聽了，又覺得怎麼樣呢？所以，這些上萬條說不出的「為什麼」，讓人剪不斷，理還亂。有什麼好問「為什麼」？為什麼，不重要。反正大家在一起就是有緣，沒緣就拉倒。至於喜歡不喜歡，表明不表明，反正放在心裡也不會怎麼樣。不管說或不說，都有它的好處跟缺點，不見得說了就會怎麼樣，不說又會怎麼樣，最後還是要看兩個人的相處。

感情這件事，不是這麼一句話、一個態度就能決定的。大家喜歡，就真誠的在一起相處，時間是長長久久。感情這麼一談，都是算年的，以十年為單位，不是計較這下怎樣、那下怎樣，這些都是小事情。不需要把這件事情看得很嚴重，最重要的，是你自己能夠面對。

「談情說愛」這件事情，平常是要練的，要不然很容易會錯意，沒辦法表達，問題很多。最重要的還是你要學會溝通，不要講不出來，然後在那邊自己搞得亂七八糟，這樣很糟糕，完全沒有辦法處理感情的事情。

會處理的人，就不會這樣想。他不會特別在意這些細節，因為再怎麼糟糕，他都有辦法補救，或是他可以看一個長期的整體性，他可以打算，可以計畫，所以他可以慢慢講，有事情好好講。

所以，有經驗比較重要。說了又怎麼樣，不說又怎麼樣？要是你也喜歡他，你去講就好了，是不是？他不講出來，因為大家的考量不同嘛！彼此知道喜歡就好了。至於最後會不會怎麼樣？不會。我就是喜歡你，就這樣而已。大家不也就畢業了，不也就分手了？不也就不再聯絡？曾經喜歡過就好了，說得出來、說不出來，都無所謂。

不要太在意這些事情，因為這些事情在「追愛」的境界裡面，都不重要！如果真的要怎麼樣，它自然會發生。電影的結局，劇本最後寫的，是妳一定要嫁給他，或他一定要娶妳，反正一定就會怎麼樣。說不說，都一樣，反正就會結婚。但是，如果結局不是這樣寫的，編劇不是這樣編的，那說了最後又沒怎樣，一堆誤會，一堆傷心，其實也

追愛

不見得就好。

說與不說，其實都不是重點。真的喜歡就喜歡，誰都知道。有在一起，就是緣份，如果喜歡卻不能在一起，也是命運。可是你如果有說啊、不說啊、為什麼啊，不為什麼啊，討論這些東西，跟真正的追愛的境界是毫不相干的。

我們在乎的是一個長長久久、真正了解的關係，是交心的互動，有話是真的說到心坎裡去的，那個東西才重要。至於去想那些小細節，有點像是「少年不識愁滋味，為賦新辭強說愁」，自己在那邊睡不著，這是一個過程，還不到好戲高潮的時間點。

人生，就是真的去經歷，讓自己一直去創造，真的去追愛，而不是去想說為什麼他不這樣啊，怎麼不那樣啊，到底是怎麼樣。要游泳渡河，就直接下水游到對面，上了岸就好了。沒有什麼水會不會太冷、會不會抽筋、為什麼水這樣流的，講這個都是多餘的廢話。

他說他還不想交男朋友，怎麼辦？

如果你是一個為愛情瘋狂的人，你是一個真的想追愛的人，你不會聽他講的話，行動就對了。那麼，既然他嘴巴這麼講，你就看他的行動是怎麼樣。

我有看過，或是我自己有的經驗，就是女孩子說她不要嫁，她說沒有想要結婚，沒過多久就嫁了，也沒多久就懷孕了。所以，這些都不是你真正要聽的。如果你真的是這麼愛聽的人，那確實，你馬路看到紅燈就不要走，看到綠燈才走，真實的路況、車況都不必管。

我只能告訴你，愛情不是這樣的事情。愛情不是人家給你紅燈，你就不能走了，人家給你一個綠燈，你就傻傻的過去了，真的是這樣嗎？那你真傻，很危險的，會出車禍。這樣子，就是聽人家講什麼話，你就執行，你像是個機器人，你不是一個有能力談戀愛的人。

一個談戀愛的人，是很瘋狂的。你不要，我就弄到你要；你不喜歡，我就弄到你喜歡，你說不行，我弄到你說行，你說不嫁，我弄到你非嫁不可。這個才有趣，這個才叫

追愛

做「追愛」！所以，先搞清楚什麼叫做「追愛」吧！如果一句話就把你停住了，那我就隨便閃個紅燈，你就站著不要動吧！

第三章

追愛進行式

愛，為什麼要去「追」？

不追，就沒啦！就像做生意，為什麼要去談呢？要是你不去談，連發生的機會都沒有，所以非談不可。只有主動，才會有生意做啊。就算只是閒聊，都有可能聊出愛情來；認真去追，愛就會有不同的質感了。

問這個問題，心態有點像要不勞而獲，什麼都不想做，愛情就會從天上掉下來；懶散慣了，就會這樣想吧。那就好像在問：樹為什麼要施肥？菜為什麼要澆水？孩子為什麼要教？飯為什麼要煮？這是一種要「先耕耘，再收穫」的態度。醋要久釀才會成，酒要愈陳才會愈香，這是一種時間的概念。

愛要追，是因為有無限的空間可以創造，要先創造才能發展，後面才會甜蜜，才會有趣。如果一切都是「自然」，那就會成為一片枯海，那也叫自然，不是嗎？沒人居住的村落，一片荒涼枯寂，百般凋零，這也是自然的一種景象！

所以，你只是覺得有愛，卻沒有去追，把感情放在那邊，不管你心裡有多麼愛，最後也會變成荒蕪，也會枯萎凋零。如果愛不追，就沒有生命力，就不會有激情，也不好玩了，那就沒愛好談了。女生不打扮，還真很難要有多美。雖然說，年輕就是一種美，但若不乾不淨，像雜草一樣雜亂，還真沒有什麼美感可言，更何況老了又不好好保養，出門還真的會嚇到別人呢。

想要美，真的還是要學習好好打扮。想要愛，也是要去追了才會有，有了行動，才能讓人真的心動、感動。不斷的追，奇蹟就會發生，讓人動容。愛，一定要追，不必停止。

究竟是不敢追，還是不夠愛？

這個問題要看是發生在誰身上，因為每個人的情況不一樣。

有的人，明明心裡愛得要死，內心很狂熱，就是不敢行動。有句話說：「愛在心裡口難開」，明明很想要，明明很喜歡，明明希望發生，但怎樣都不敢動，這就是所謂的「不敢追」。

追愛

那麼，有的情況是真的不夠愛，就會變得懶，會等、會拖，最後自然就沒有行動力了，因為想要追的動力不夠，就會變成比較無所謂的等待，感覺起來像是懶懶的，這就真的不夠愛啦。

另外一種狀況是，前面兩種都有。對我來說，比較像是身體精神有問題，最簡單的講法就是沒體力，看起來沒睡飽，又沒精神，這就很難愛，也當然會怕，至於到底是不是真的怕去追愛，還真不知道，因為根本就沒那個籌碼跟勇氣。

這就像一個人跳到河裡去游泳，但他知道自己受不了，覺得水溫太低，或是他覺得自己沒辦法游；不管理由是不是真的，他的感覺是這樣，他覺得游不動。這樣跳到河裡之後，游不游得動都已經不重要了，基本上他是會完蛋的，因為一開始就覺得自己不行了。

如果真的是這樣，就已經不是會不會游泳的問題。你自己的感覺是：「反正我不行，我會完蛋！」那你還敢跳下去嗎？你知道河水很冷，會受不了，你覺得你也沒那個體力游，自然就不敢跳下去。在這個時候，問你喜不喜歡游泳？不管你怎麼回答，都已經跟主題沒關係了。

那麼，另外一種狀況，就是沒有能力，或者是說他感覺自己配不上，和對方搭不起來，就算心裡很想要也很喜歡，可是知道自己不是對手，這個時候就會「不敢追」。這樣的狀況，不能說是不夠愛，應該是說，沒有足夠的條件或能力去愛。這包括你的不自信、自卑、想放棄，就會有這樣的現象。

關於這個問題，不是一定要去定義到底是「不敢追，還是不夠愛」之類的，有些狀況是某一種原因，有時候是兩種都是，反正他就是有這樣子的現象。如果有這樣的現象，或許是自信不夠，或是體力不夠，這些都會影響，每個人因人而異，你要了解自己是哪一種問題，然後從那個地方去改進，一定還是可以處理的。

男人如何獲得女人的芳心？

這樣的問題透漏了一個訊息。每一個人都很希望得到答案，有了答案，就會很開心，有了祕訣，有了撇步，就覺得自己應該可以成功，其實這樣的想法是很偷懶的，也是一種投機取巧的心態。

我可以明確告訴你這個問題的答案：每個人都不一樣，對味就好。

所以，你不只要看看你喜歡的女人，還要觀察哪個女人喜歡你，這些都有互相影響。不要一直想著討好對方，你喜歡她，如果她不喜歡你，也是前功盡棄。就算最後贏得女人的芳心，要花多大的代價？是否得不償失？所以，不要一直想著要得到芳心，而是要想：兩個人要怎樣才可以真正的契合。

下面簡單的歸類，給你一個方向。

譬如說，這個女人很重事業，很重金錢，她要的，是你的事業有多龐大，你經濟的實力有多少？這是一種。

另外一種，是她喜歡你顧家，就是孩子、老婆第一。你可以發現，這跟前面提到的類型就很不一樣。

第三種，她很介意你在不在乎女方的親戚，她的家人最重要，她要面子，在親朋好友面前，她的面子有沒有顧到滿，這也是一種。

第四種，就是她很重視外表。你長得帥不帥？你的家境好不好？你開的車等級夠不夠？你的職場頭銜是什麼？你是什麼身分地位？

第五種很有趣。譬如這個男人沒有什麼不良嗜好，不菸不酒，但是某種情況下，某些女人會喜歡會抽菸喝酒的，因為她喜歡你能應酬，是非常有勢力的。

第六種，學者型的。像是教授、詩人或是藝術家，他每天都坐在那邊畫圖，或是一直彈琴、寫作之類的。

這裡只簡單給個六種作為例子。基本上，愛情要美滿，需要的是能力跟責任，至於哪一種領域的能力跟責任，就不太一樣了——顧家的責任跟應酬、顧好兄弟的責任，當然不一樣。賺錢的能力是一種，但是老婆小孩第一的，這也需要一種能力，都是不一樣的。你不能想著要用哪一種方式去討女孩子的芳心，因為女人百百種，一樣米養百樣人。

有種女人希望她能包養你。如果是遇到這樣的女人，你要討她的芳心，就是你願意讓她養，她叫你做什麼，你就做什麼，這就有趣了吧。一般的想法比較傳統，希望男人可以養女人，女人嫁過來之後，男人可以負責，可以照顧妻小，女孩子就好好當個家庭主婦。所以，這種東西就不是一種對錯的問題。

至於提到「能力」，沒錯，你有能力，女人就會喜歡你，就會得到女人的芳心。有一種狀況是，你希望每天甜言蜜語的對著她，可是你全部聽她的，這樣你也可以得到對方的芳心。譬如你很會巴結她，很會諂媚，告訴她有多漂亮，這也是一種能力啊。

雖然說要有能力、要有責任感，但這是兩個方向的事情。想要贏得女人的芳心，你要看是哪種女人。至於你跟她的關係，你喜不喜歡她這個樣子？譬如這女人很好面子，那你給她面子，不就贏得了她的芳心了嗎？如果說，她喜歡你很厲害，能喝酒，很能夠應酬，就可以贏得她的芳心，那你就得讓自己很能喝酒，很能應酬，她就會覺得你很棒。如果她要的是你的地位、頭銜，她喜歡別人喊她一聲「董事長夫人」，那你可能每天都得去搞參選，擔任什麼主席、董事長之類的職務，才能贏得她的芳心。這不是一定的答案，而是要看你選擇跟誰在一起。

男人，我該怎麼追你？

一般來講，我們說「女追男」比較容易一點，可是有些男人並不喜歡。所以，對於這種追男人的事情，要看是哪種男人。

一般來說，為什麼男人比較好追呢？因為男人就怕麻煩，比較含蓄，不好意思，也容易答應，他沒辦法拒絕妳嘛。反正日久生情，大部分的男人是很有良心的，所以他就很容易接受。

如果妳想大大方方的追男人，機會其實挺大的。那當然，也要看每個男人的個性。所以，妳最好事先多去了解他，也不要過度打草驚蛇。有些時候，妳碰到的男人像含羞草，一接觸到他，就不打開來了。妳也不需要態度強硬的把對方怎麼樣，如果他的脾氣也很倔強，那當然就追不到了。但是，如果妳比較願意去開口，願意主動去接觸，願意跟他談事情，不要給他壓力，就是直接面對他，釋出善意。

一般來說，女生稍微大方一點，都是很有用的。妳自己的表現要好，男人會喜歡妳舉止得體，能夠打扮當然更好。當這些基本條件都有了，妳追男人的成功機會就很高了。要是妳三三八八、瘋瘋癲癲，活像個白癡，讓人家看不起妳，要追的機會當然就是零了。

妳必須給對方一個好印象。最基本的是，妳一定要讓他看得見妳，可是，不需要讓對方覺得妳有強烈地意思要追，這個感覺並不會讓大部分的男人喜歡。妳就隨意的跟他聊聊天，有時候妳不小心出現，留給他一個好印象，有些時候妳可以製造一些機會，譬如說：「啊，剛剛好，要不要一起吃個飯？」

「要不要去這間店？這間店很不錯呢！」

可以觀察一下他的意思怎麼樣。如果那個男孩子是屬於比較憨厚的，他的心思比較簡單，他不能拒絕妳，那他就知道妳的意思了。如果是拒絕不了，妳可能就追上了。確實，有時候追男人真的很簡單。

但是，如果妳是很正式的提出請求，刻意的問他要不要一起吃飯？有些男生比較堅持，有他自己的個性或喜好，那就會稍微難一點。要是妳展現的態度，很明顯就是要追他，「我喜歡你！」，「我們在一起吧！」，「讓我當你的女朋友吧！」其實，有些男孩子是會打退堂鼓的。當妳的態度那麼強勢，很多男孩子會直接拒絕，特別當他也很強勢時，妳就碰釘子了。

當妳在追比較難追的男孩子時，應該要用比較簡單輕鬆、不經意的態度。對那種比較簡單的，其實可以直接問，就這麼簡單。只要敢開口，就有機會追上，簡直是太容易了。至於怎樣追？就是不要讓他覺得有壓迫感，不要讓他覺得妳很強勢，不要讓他覺得妳是霸王硬上弓，有時候就算硬上了之後，也才發現這不是妳真正要的。即使妳硬是得到了，也可能很容易就丟掉。所以，最好是去了解那個人，然後用比較客氣的、委婉的方式去試探，一般的男人都不喜歡壓力，不喜歡麻煩，他不喜歡拐彎抹角，不喜歡妳拖這個、弄那個的，把事情搞得很複雜，或是讓他覺得很難應付。只要妳能很隨意的、自然的去邀約，讓男孩子覺得如沐春風，他就會滿喜歡的。

這個問題，很難講一定要怎麼樣追，怎麼樣會追不到，或特別該使用哪一招……我不太相信那些套路。原因很簡單，那些招式並不是對每個人都管用。比較重要的，還是妳個人營造出來的一個形象，當妳追一個男人，也要讓他喜歡妳，如果他不喜歡妳，就算妳追上也沒有用。

我能告訴妳的最後答案，還是要在意自我的修養，像是有自信，懂得行為舉止得體，最重要的是去了解對方，能夠溝通，而不是給人家一個非常巨大的壓力。

追，必須學習給予對方空間，然後好像一切都順其自然，當妳能做到這些，其實會發現滿簡單的。

我要怎麼知道，他對我的追求是認真的？

你那麼想知道，到底要幹嘛？如果他是認真的，會怎麼樣？不認真，又會怎麼樣？其實呢，這個答案並不是沒有辦法真正的知道。但是，重點並不在於你「知道」或是「不知道」，然後你覺得被騙，或者是「他其實不是認真的，我早知道！」

人生在世，要的不是一個保障，或是一個確信。重點是，當你跟他在一起的時候，你的感覺是什麼？你有沒有誠實面對？你有沒有認真去對待？在你的心裡，你對自己有多誠實？你對他的誠實度又有多少？

如果你很認真，就算他騙你，這段時間你很快樂，你很享受，你很開心，那就是曾經擁有過這段感情，你也不能夠一定要保證什麼。要是你說他變心，你說他騙你，那很可能相對之下，你也可能騙他，你可能也不認真，也可能是改變心意，你也可能虎頭蛇尾，一開始很熱情，但只有三分鐘熱度。

所以，你為什麼會擔心別人是不是騙你，或者不是認真的？其實比較嚴重的問題是：你自己能不能很認真？你能不能保證情感繼續下去？你能不能真正的去愛一個人？這才是真正重要的事。

人有很多種。就算你極度敏銳，有很多時候，他真的要騙你，其實你是不會知道的。你怎麼可能真的知道？如果真的知道，你馬上就可以放下。感情這種東西，是你自己要去參與的，你要對自己誠實。如果他認為他很認真，他很誠實、很真心，或許有一天，他還是會變心啊。這種事情又要怎麼去解釋？你想要得到保證，好像要求對方給你一個證明——那應該去買保險吧。

其實這種「萬一可能會發生」的事，在人生裡就是要去經歷，就是要去面對，而不是那麼在意說，如果是「有掛保證的，我就不會被騙。」，「一定是好的，我才要。」人生的過程，本來就充滿許多的變化，你必須做好這種心理準備。不過，你的準備不是「好，我準備被騙」，你的準備是怎樣誠實、認真面對自己，面對別人，能夠了解人，能夠真的去愛，能夠去跟人家經營情感，這才是你要學的，而不是一天到晚想要得到保證，想要人家對你好，想到一定要贏，想到不要失敗、不要被占便宜。若你一定要贏得這些人家的保證，其實，你並沒有真心跟能力去贏的，某種程度上你還不配擁有。這個要自己去面對，自己去思考。

關於年輕世代使用交友的APP，有什麼建議跟看法呢？

我認為，你可以使用這種方法，但是也不能省略去跟一個人見面。至於使用APP仍是很不錯的，因為這就是一種拓展關係的方式。

就像是人家都看電視劇，或許你並沒那麼瘋狂要每天追劇，但至少還是要知道目前的市場是怎麼一回事。有時候，你可能會去酒吧一下，或是跟人家去跳個Disco，這一種和市場接軌的動作，其實還是有必要的。

但是，回到最後的關鍵，還是你的溝通技巧，以及你自己的品味。你自己跟對方的聯絡也很重要，因為有很多時候，你是可以聯繫上對方，你有這個**APP**，可是就算有了這個**APP**，也不見得就可以交到女朋友啊。

利用**APP**這個東西，要先知道自己要找尋什麼樣的對象，因為現在的社會真的充滿太多資訊。而且，這還不是一個區域性的問題，現在有很多領域都是充滿各式各樣的資訊，讓人無所適從。你要有自己的想法，選擇你要的，選擇比較精確的方式，找到你自己喜歡的對象，這才是最重要的。

好像在買手機，款式這麼多種，你要用哪一種？你要選你喜歡的，而不是跟著人家去用。朋友手上那款很好用的手機，可能並不適合你。電腦也一樣，軟體也一樣，衣服也一樣，選男女朋友也是一樣。你有辦法選到你喜歡的，這個對你才是最重要的。

在追求的過程中，有什麼行為是「不切實際」的？

什麼叫「不切實際」？不切實際又怎麼樣？這到底影響了你什麼？切實際，到底目的是什麼？你的方向是什麼？你就一定要很切實際，這是你媽媽的意思呢，還是老師的意思？還是天意？你一定要切實際，那麼，所謂的「實際」到底要幹嘛？

如果你想的是：實際就會成功，那方向就應該是結婚，或是擁有真正的愛情，或是追到真愛。若光是講「不切實際」，我個人不知道「實際」在幹什麼？因為在愛情的世界裡，沒什麼道理，愛情的世界裡，更不需要實際，兩個人在一起怎麼瘋狂，怎麼快樂，怎麼樣特別，怎麼樣舒服，怎麼樣有趣……這樣很好啊，兩個人就可以沉浸在愛河裡，很喜歡，很享受，這是愛情的重點。既然愛了，誰要管切不切實際？

如果你說你很在意實際，但最後愛情卻沒有結果；那我很不切實際，可是我的結果非常好，我可能馬上就有人要娶，可能就有人會很喜歡……那這樣相較之下，「實際」到底有沒有用？或許這是一個比較極端的比喻，讓你作為一個思考。畢竟問這個問題，一定是你很在乎實際，可是如果我們把「切實際」這件事情分析完了，就是說這個問題的重點跟價值，其實是不存在的，那麼，這件事情你就不需要再考慮了。

年紀越高，追求愛情的門檻就越高，那我應該妥協嗎？

其實，這是個人的想法。你說門檻越高，到底是高在哪裡？我覺得反而是門檻越低，所以這是很難說的。有人會要求比較多，就會覺得比較困難，可是有人就覺得比較容易，因為大家都懂了，大家都經歷過了，那門檻相對比較低，彼此就沒有那麼苛求，沒有像年輕人找對象要求那麼多。

要是你所認為的門檻比較高，就是對方要求你的條件比較多，倒也不見得。這些都是一個機會，都是一個緣份，還有一個最重要的，是你的能力。如果你的條件、能力都非常好，就沒有所謂的門檻高低，自然會找到適合的人。

那你以為，年輕人的門檻就很低嗎？很多年輕人也是找不到對象的啊！當我看過了這麼多感情狀況之後，我認為，很多足不出戶的宅男宅女，雖然年輕卻找不到對象，一種是整天待在家裡，當然不會有對象。還有一種一天到晚常常跑派對，跟人家成群結隊的，最後也是乏人問津。

那你說，年紀大了就都沒機會嘛？很多老人家也談戀愛，談得挺好的。人家都活到這麼老了，是否不太有機會了？不會呀！我看過很多老夫老妻，老婆走了不到一年，老公就找到女朋友，後面甚至還結婚呢！我也有看過那種阿嬤過世之後，阿公的女朋友很勤快地每天報到，那你要怎麼說呢？

我現在講的例子，是從十幾歲一直到一百歲都涵蓋在內。所以，你說你老了條件怎麼樣，我覺得是思維的問題，還有個人的素質跟能力是主要關鍵。最後還是回到你有沒有為愛做功課，你有沒有為自己努力修練，有沒有為自己追愛的這份心去努力、奮鬥。

整天想著他，朋友覺得我喪志……

可能吧，你就喪志吧。你要真的不能動的話，那你確確實實是喪志。你整天想著他能幹嘛？也不能幹嘛，你該做的事就是要克制自己不去想。

這就像你整天都想吃，變成大胖子，整天都想抽菸，就抽到得肺癌吧！整天都想開快車，那總有一天就會撞死。所以，你每天都該要克制自己的食衣住行，吃飯睡覺，工作種種等等，像一個正常人。

當然，愛情會讓一個人變得很不正常、很瘋狂。但是你說到很喪志，很頹廢，那就沒有什麼好談的，你想要過怎麼樣的生活，就怎麼樣去做。要是你真的一直非想著他不可，我只能告訴你，你總是要學著克制些，畢竟生活還是要過下去，整天茶不思、飯不想的，也不會有好事發生。

有一種狀況是這樣。你朋友說你喪志，你就跟他說：「是啊，我是喪志啊。」那你真的失控，承認也就是了，只是看看要維持這個狀態多久而已。有人喪志一輩子，有人三天，有人三個月，你可以自己決定，這是個人的命運。最後不管發生什麼事，也是你得面對的結果。

對於名花有主的人，我就不該橫刀奪愛嗎？

關於這個問題，我沒辦法很絕對地告訴你說「是」或「不是」，因為這個問題攸關性命。要是我告訴你說：「嗯，沒問題！」那你可能就是去送死，而且是我害你的。所以，這個問題不能隨便回答。

所謂的「名花有主」，那麼，「有主」是到什麼樣的程度？要是那個女孩子深愛著她的另一半，或者他們兩個人的關係非常穩定？或許，有些人還沒有結婚，可是他們交往的深度不亞於結婚，只是欠一個婚禮跟正式的登記，對於這種人呢，你還想要去橫刀奪愛，我覺得這有關乎你個人的道德觀念跟品格水準。

當然，他們兩人之間的關係，也是一個問題指標。他們兩個到底有沒有很相愛？他們的關係是不是有問題？或許，他們是在一起，但男的對女的很不好，或者是女的對男的處處嫌棄……種種等等的因素，讓你認為他們並不合適在一起。可是，就算在這種狀況之下，要橫刀奪愛也挺危險的，因為人家可能有了小孩也說不定，或者是他們的關係錯綜複雜。

我個人認為，沒有特別必要去搞這種事情——要是一不小心，讓自己捲入三角關係，你就吃不完兜著走。意思就是，他跟這個人不分手，但是他又告訴你他喜歡你或是愛你，有想要跟你在一起的意思。某種程度上來說，這就是一種劈腿、紅杏出牆，或是一般講到的外遇。這種交往方式，我是不建議，因為感覺一開始就不對，也沒必要去惹這身腥，惹禍上身的機率相當大。

可是，如果是另外一種狀況，譬如大家都是同學，尤其是國中、高中年輕的時候，大家同學跳跳舞、吃吃飯，然後對方有了男女朋友，彼此認識半年或一年左右，還在試探中，沒有論及婚嫁的關係。遇到這種狀況，要是你真的非常愛她，你也有把握她也會愛你，你覺得你們在一起比較合適，你也真正有要娶她的意思，那在這個時間點上，大家就可以談。你可以真的告訴對方：「我喜歡妳，我希望跟妳在一起。」至於她跟對方的感情到底怎樣，也可以談。你可以找那個男的談，也可以找那個女的談。

那麼，這樣做，算不算橫刀奪愛呢？確實是有一點這樣的感覺。不過，這種狀況，也不能完全用「橫刀奪愛」來詮釋。你確實是做了一個「介入」的動作，但也不能說，這樣的介入就完全不對。畢竟有很多時候，她跟那個人在一起並不見得比較幸福，她跟你在一起可能會比較好——重點是男未婚，女未嫁，對你自己來說，你能夠表態，這是你對自己的忠實程度，就是你個人必須捍衛的價值。如果你遇到的情況是這樣，我倒不反對你這麼做。你也可以做出這樣的決定。如果大家都還在「玩一玩」的情況之下，你想要把她娶過來，你是真心要對待她，她也可以愛上你，那這個是可以的。

所以，關於是否要橫刀奪愛，沒有一定的標準。只是說，關係到所謂的「名花有主」——我們以前年輕的時候，身邊有個男朋友，這就算名花有主。旁邊想要橫刀奪愛的人很多，排隊在等。這不是一個對錯的問題，這是道德觀跟實質的感情到底有多深的問題。有些人在一起四、五年，好像感情多深、多好，名花有主，可是一旦有人橫刀奪愛，或是突然發生了什麼事，兩個人就不在一起了，突然隔天就嫁給別人了。所以，感情這種事情很難說的，要是你動不動就想橫刀奪愛，你死於非命的機率也會暴增。但有些時候，你深愛著一個人，不去橫刀奪愛，還真的是犯傻，也會後悔一輩子。

第四章

關於告白

告白之前，要做什麼樣的功課？

關於告白，這裡要先提出三點「先決條件」，然後，再講到「功課」。

第一個：要先確定，你真的要去告白，真有這個決心。也就是說，你選好了對象，決定出手了也不會後悔，所有的事情你都想清楚了。

第二個：既然決定了，就得全力以赴，沒有但書了。就像跳懸崖一樣，跳下去之後不可能再回頭。所以，你知道自己得要百分之百用盡全力。

「告白」是這樣的：當你決定要告白，如果不是百分之百的投入，就不會成功。告白之所以讓人動容，在那一刻讓人覺得不一樣，是因為投入的心意完全沒有雜質，沒有其他的想法，不是八十分，不是九十九分，而是百分之百。

第三，再問自己一次：你真的確定要做這件事情嗎？簡單來說，就是再問自己一次，你確定要告白嗎？

不要以為這是在開玩笑。三個條件，感覺起來都很像，這些是告白前自己必須先做好的準備，而且對象是你自己。先把這些準備好了以後，才可以再往下面走。

第四章　關於告白

當你想好了，下面該做的「功課」有四點。

第一：最好把你要告白的逐字稿，清楚地寫出來。

內容要檢查過，這些話是不是百分之百發自你的內心，已經都完全表白了？在練習過程中，發現有漏掉的部分，可以改一改，然後把這些話練習到位，自己清楚可以把話講好。千萬不要到了告白的關鍵時刻，才發現沒辦法講到位，聽起來不夠過癮，不夠感動。

第二：如果對方拒絕，或給你一些難題，該怎麼應付？這些都要事先準備。

自己要做一些假想題，盡可能的模擬現實狀況。因為這些是不可預期的，你總不能去質問對方會給你怎樣的難題？你只能盡自己的了解，盡能夠想像的一切去做一些模擬。你就列出有什麼理由、對方會怎麼回絕等等所有可能性，全都把它模擬過，要如何見招拆招，都要盡可能的想辦法去演練。

第三：如果對方答應了，你要如何接受、示意及表達？

如果沒有想到這個部分，到時候對方同意跟你交往了，真的會嚇傻、不知所措。事

先準備好，有練過，就比較不會尷尬。萬一他說：「好！」，很爽快就答應了，反倒是你愣在那邊詞窮，不曉得要幹嘛，看起來就像是一個笑話。或是對方感動到哭了，沒想到你竟然沒行動，前面在那邊演了老半天，那對方不就傻了？

第四個，被拒絕的態度。這跟做生意一樣，買賣不成仁義在。若對方不答應，或搞得很尷尬，甚至從頭到尾都不是你想像的那樣，千萬要保持君子風度，全身而退，不要生氣或哭鬧，讓場面變得很難看。要勇敢、大方的面對，保持好情緒，落落大方，留個好名聲給別人，不要因為一次失敗就失去了形象。

後面的四點，是必須要下足功夫的。如果做了這些準備，你自己也會覺得比較舒服。要是沒做好準備，除了緊張跟受到刺激之外，到時候可能一個突發狀況搞到面目全非，不堪設想。

在這邊必須提醒你，前半段告白的三個先決條件，在你還沒有確定之前，後面的四點功課就不必做了，沒有特別意義。必須先做好前面三點，再逐項完成後面四點，好好練習，才能萬無一失——當然，保證「萬無一失」是不可能的，你的萬無一失不表示一定會追愛成功，不是告白就一定會追到人家，而是在這次告白的行動上，已經做了最萬全的準備。最後就祝福你了，加油吧。

告白，要怎麼練習？

告白練習，要幹什麼呢？

你要在一分鐘之內，跟對方講你為什麼喜歡他？你可以下這個決定，跟他在一起一輩子。

千萬不要小看這個練習。這個練習，是需要天天講的。要是你不會，甜蜜指數一定會有問題。至於已經結婚的人，更是非會這招不可！這可不是開玩笑的，否則後面的婚姻一定很慘淡——因為甜蜜不起來嘛！

要去告白，就一定要有本事講到讓對方感動。愛情就是風花雪月，就是講感動舒服，沒有別的。不是送給對方鑽石，也不是買一棟房子，也不是生三個小孩，她就會

追愛

愛你。你可以看到，這些有鑽石、有房子、有小孩的人，是不是真的很開心、很甜蜜？這裡頭差了什麼東西？就差這個關鍵點：談情說愛。

我嫁給我先生，雖然吃了很多的苦，不斷的吵架，也曾經過著非常窮困的日子，但是從來沒有後悔過。當我們在印度發展的時候，感覺可能回不去，可能會客死異鄉。我們牽著彼此的手，走在那個很陌生的城市裡，我覺得，死在這裡也沒關係。

他說：「老婆，忍耐啊！慢慢會好一點的。」有些時候，他也沒辦法安慰我，他自己也覺得很累、很難受，我就跟他說：「沒關係，死也死在一起就好了。」

雖然日子很苦，但是，並不會覺得很撕裂、很不甘願、很難受。為什麼覺得還是可以活下去？因為只要牽著他的手，我就走得下去，我有「為愛情而活」的那種想法，填滿心裡所有說不出的人生的苦，所以很滿足，我很喜歡那種感覺。

「為愛活下去」，是你要學的東西。或許，愛情並不是人生的全部，但是，當你有這招，就像武士身上多了一把寶刀；要在江湖混，有那把刀還不錯吧！可能身上沒錢，沒有帶什麼東西，卻因為那把刀，就可以活下來的那種感覺。

愛情，就是我的那把刀。我行走江湖，為什麼能那麼安穩？為什麼能那麼開心？為什麼我走得下去？全都是因為有這把「刀」——這份愛情，讓我堅強。這就是告訴你，為什麼要學會告白？我跟我先生天天互相告白，直到現在，他跟我告白，我還是會流眼淚，還是會感動。

讓感情變得甜蜜，是一種非常重要的訓練，這個能力在生活裡，會影響所有其他的領域——你可能很有錢，可能長的比別人帥，但感情生活不甜蜜，人家不愛你！你可能沒錢，沒有那麼美好的燭光晚會，或是送不起高級的鑽石，情人節也買不起玫瑰，但只要有告白的能力，還是可以過得非常浪漫！

這個浪漫的練習，其實很簡單：面對鏡子告白一分鐘！真正告白的話，時間不需要用到那麼長。你練過那麼多次，可以每次講一樣的話，不一定要修改，就把這招練起來。至於練到什麼程度呢？就是能夠感動你自己。

這個練習也可以跟另一個人對練。如果跟人對練，就要講到能夠看到對方感動。雖然只是練習，但是對方還是可以感覺到，你說話的誠意感不感動。

告白的基本要件，就是感動。練會了就是你的。練習告白，當你碰到對的人，你可以講得出來。平常沒練過，當需要用的時候，一定什麼話都講不出來。如果你已經結婚了，就得練到需要製造浪漫的時候，就有辦法做得出來。

有很多人，人窮志不窮。有些老闆到了中年，可能失業破產，也不必覺得很潦倒，還是可以很甜蜜的談戀愛。在月光下散步，就可以浪漫得不得了，即使兩個口袋空空還是很開心，事業還是可以有第二春，繼續站起來。你應該要具備這樣的能力，畢竟人生不是時時刻刻都很如意的。

談感情很像做生意。做生意要能力，談感情更需要能力，但是，很多人就是談不攏，談不爽。或許，你在職場上擁有非常專業的能力，你可能有錢，擁有事業，但不代表有能力享受愛情。談戀愛的能力，非常值得訓練。愛情不是生活的全部，卻是生命裡不可或缺的一大部份——有了愛情，心才填得滿。

我可以怎麼樣展現我自己？

你腦袋裡要想的，並不是拿什麼東西來展現。你一定要製造一些可以表現的東西，讓對方覺得喜歡你，但並不是刻意討好對方。你做的事，僅僅是展現你自己，而且讓對方喜歡。

很多男孩子追女孩子，常會犯一個毛病。

「我請你去看電影！」

女孩子聽到這句話的感覺，是你想要追她，當她發現這個意圖之後，就失去吸引了！如果你做的事，只是很平常地展現自己——你就正常講話，就努力做事，只要女孩子欣賞你，她就會想跟你出去。

「如果他約我，我一定很開心！」

像這種時候，就有很多女孩子跑到你身邊繞來繞去的，你就明白她對你有意思，這就是你去贏得的。所以，你要展現自己，而不是去「追」一個人，一定追不到的！拜託各位男孩子，不要太刻意去追女孩子。你一開始追，女孩子就不喜歡你，這是個迷思。

許多男孩子會說：「我喜歡這個女孩！」這又不是買菜，要老闆拿點蔥、拿點薑過來，看個價錢付帳就好，追女孩子不能這個樣子。你追她，她不喜歡你，所以你要展現你自己，你要喜歡、欣賞自己，對方才有機會喜歡你。

就算把性別對調過來，換成女孩子也一樣啊！如果妳去追男孩子，其實，多數的男孩子也會被嚇跑。妳該做的事，就是讓自己很漂亮，展現妳真實的個性，哪天真的有人看上了，不管誰先開始告白都無所謂。但是，你要確定對味，之後就可以大方的說：「走吧，一起去吃個中飯吧！」大概百分之九十八都會成功的。

但是，如果你沒有展現自己，突然跑去說：「我要跟你告白！」對方當然會很害怕，趕快溜之大吉！你平常就要有所表現，讓對方覺得你是個正常人。

如果要去跟人家講話，一定要準備好台詞。這有點像在面試求職，對方一定會問：「你為什麼要應徵這份工作？」你要給出一套合理的說法。

大部分的人，至少會給你三分鐘，你所有的準備，就為了這三分鐘。如果在這三分鐘之內，你能對焦、有料的說話，表現出誠意，成功的機率就很高。就像電視一打開，三分鐘之內，你就會決定看哪個節目，如果不精彩，馬上就轉台了。所以，廣告都會讓你驚喜，想辦法讓你看到完，因為它最多就是三十秒，一定要很精采。

廣告的呈現，是非常講究的。演員展現出來的力與美，鏡頭拍攝的角度，每個出現的用字，一點都不多餘。不管跟人家告白、約會，或是要呈現你自己的時候，不可以有贅詞，這就是你應該要做的準備！如果在三分鐘的自我介紹裡頭，有一分半是贅詞，你想，對方的表情會怎麼樣？他聽不到你講自己的優點，但是，他一定會記得你的贅詞，然後就沒機會了！

至於你這個人，到底有什麼可以呈現的？每個人都不一樣，你要練的，是要能夠對你心愛的人講出心裡要講的話。這個目的是你設定的，換句話說，今天要賣可口可樂呢，還是咖啡？這個廣告出來以後，給觀眾的印象會是什麼？你自己心裡要很清楚。

講得比較簡單一些，你就是要推銷自己。那麼，你的賣點是什麼？就看你是誰，你要思考自己的「賣點」什麼。不管你要賣「妳嫁給我一定會幸福」，或是「娶我，就會讓你財源廣進」，都得要想一個東西出來。你要賣一個東西，所以你不能夠很客氣，畏畏縮縮的，這樣誰會買？把胸襟拿氣魄展現出來，把自己的感覺講出來！

「告白」是否要去告訴對方：「我很喜歡妳，妳身上有某個點讓我很欣賞。」應該要把焦點放在對方身上嗎？

乍看之下，告白的焦點好像是在對方身上，但你要先搞清楚方向：你是在展現你自己的優點，還是在表現對方的優點？

找個例子來看。我現在要賣一台跑車，而你，則是有可能會買車的客戶。我會讓你知道，如果買了這台跑車對你會有多好，那我說話的焦點，會是放在跑車上呢，還是放在你身上？

當你能講出對方有多好，表現出來的重點，是讓對方明白你的眼睛看得到，你能欣賞他。「你真的很帥呢！」對方到底帥不帥？不見得。但是，講他很帥的人是你，你能讚美對方是你的本事，因為對方的這個優點，只有你看得到。若換成別人，就不一定會講他這個優點了！

所以，你所說的優點都集中在他身上，這個動作到底是賣他，還是賣你自己？表面上是賣他，因為你要讚美他，要講他的好；其實表現的，是你有伯樂的眼光，表現出你有鑑賞的能力，表現的是你能夠了解一個人的智慧。如果沒有你的欣賞，怎麼會有他的帥？他的帥，是不是你製造出來的？這就是重點。

當明白這點，你會知道：真正厲害的人，是能講出來的人比較厲害，而不是有那個優點的人比較厲害，因為換一個人，就講不出來了。

有些時候，對方可能會說：「謝謝你這麼了解我，把我的優點講得那麼透徹。我多麼希望這句話是某某人講的啊！」

人生就是這樣殘忍。最後她若還想要聽到這些話，沒辦法，只能嫁給你，因為這些話只有你講得出來，這就是現實！會講跟不會講，就是誰比較占便宜的差別。某種程度來說，男孩子要會主動，女孩子也要學會推銷妳自己。

對於告白被拒絕的那種恐懼，要怎麼克服？

其實，你應該有個心理準備：我們從小到大，譬如上學考試、找工作，都不是百發百中的。你把履歷發出去，並不是想要的工作馬上就會有消息，現實並不是這樣美好。在現實生活裡，成功跟失敗有個比例，即使失敗的比例偏多，也沒有什麼不好，最多就是讓你有挫折了。

告白也是一樣。你應該了解，不是每次開槍就一定百發百中，所以心裡應該要了解：不是你不好，而是那個人不適合你。

你要了解「機會」是怎麼一回事。如果你只向三個人告白，那三個都沒有同意跟你交往，這樣就很難過，那當然是考試都拿零分的感覺。然而，你要搞清楚，事實並不是這樣。想要成功，要經過失敗的比例。就像做廣告，一百個看過廣告的人裡面，可能只有六個會成交！你要知道這個比例。

所以，對人告白這件事，你不可以抱著「我追這個沒成功，就痛苦三年再說」，這樣就會浪費很多寶貴的時間。你要了解這個成敗的比例，本來就不是這麼容易。如果這麼容易，不是大家都已經發財，已經有很好的婚姻了？

我覺得，人生還是貴在了解。如果你了解，就不應該浪費時間去傷心。

初次見面就表明心意，對方是否會認為我是態度隨便？

其實，能夠表明心意是很好的，重點是要看你怎麼表達——層次、深度、口氣、水準、方式、態度、情緒度，都會讓結果非常不一樣。

如果你表錯情，或是講話沒水準，表達出來的結果就會吃力不討好。那有些時候，你又過度認真，感覺也是很奇怪。彼此初次見面，你就決定要娶對方，第一次講話就這麼瘋狂，對方當然會嚇到。

如果第一次跟對方見面，你心裡仰慕他很久，或是認識對方、追蹤他很久，你知道他很多的事情，只是沒機會真的跟他碰到面、講到話，這又不一樣囉。那麼，你就可以表達你如何知道他、了解他、喜歡他。這種情況的見面，雖然是「初次」，嚴格來說，精神層面並不是第一次見面了。

另外一種狀況，是對方認為的「隨便」。至於什麼樣的感覺才叫「隨便」？很可能是你表現的態度真的很沒水準，或是講話很輕浮。比方說，你第一次見面就跟人家說：「你身材真好，我口水都流出來啦！」

「我真希望把你帶回家。」

那當然，人家會覺得你很低級，感覺很輕浮，或是給人一種很好色的印象，如果對方有那種感覺的話，當然不會有好下場。女孩子碰到一個人，就突然要以身相許，男孩子也會嚇到，是不是？

所以，這個隨不隨便，就要看一個人的層次跟水準。對方為什麼會這樣認為？不管你有沒有這樣想，反正對方的感覺是這樣，當然，你的表現是很有嫌疑的。為什麼你會表達到讓人有這種可能性跟想法？這也是個很大的問題。

關於這個問題，你要研究的是自己的表達，給人什麼樣的感覺。我認為，表明態度是沒什麼不對的，至於該怎麼表達，就大有學問。

還有一個關鍵，就是你的立場。你真的這麼確定嗎？你真的這麼有把握嗎？你真的有這個膽子，如果對方點頭說好，你明天就娶她嗎？我覺得，這是很大的考驗。若你只是表明態度，表明說你很喜歡對方，那當然沒有關係。可是，為什麼你會表達到讓人覺得你很隨便？這也是一個很重要的個人修養問題。

另外一個，就是要看彼此對不對「胃口」。

其實，要是你表態的過程很好，講的很棒，對方真的會心花怒放，高興到不行，有那種飄飄然的感覺，兩個人都很開心。有時候，兩邊對味了，就是這樣。可是呢，當兩邊沒有很對味時，人家會覺得：「你搞什麼鬼呀？」甚至會說：「你是在侮辱我嗎？把我當成什麼人了？」「幹嘛那麼輕浮？」這就很糟糕了。這兩種情況都有可能，就要看對不對味。

有些時候，你表明你很喜歡他，他剛好也很喜歡你，兩個人就很有機會在一起了。可是，有些時候，他覺得你很討厭，你表達多麼喜歡他，他根本覺得噁心到不行！所以，你要有自知之明，除了要能夠感覺自己的情意之外，也要能夠感覺對方的喜惡，才有機會恰到好處的表達，這是很重要的。

我個人認為，只要不刻意的話，表明心意是很好的！但是，當你很刻意的去表明心意，這件事情本身也很奇怪。你們只是初次見面，為什麼要那麼刻意？你這麼有把握，你這麼真心，然後這樣子的斬釘截鐵說：「就是你了！」這會讓人家很難信任你，因為你並沒有一個立場，可以讓對方覺得你說的話是真實的。

可是，如果你認識對方很久，或者是你閱讀過他寫的書，你從對方身邊的友人口中聽過他的故事，或是你仰慕他很久……只要有一個理由是合邏輯的，可以被對方同意的，那就還有一些可能性。

不管再怎麼喜歡，你應該還是有所保留，畢竟是初次見面。如果只是表明心意，你可以展現出仰慕對方的心意，我覺得很好。但是，你千萬不要很呆的說：「我想娶妳。」

「我早就拜倒在妳的石柳裙下。」

「我今天就以身相許吧！」

這些話就像喝醉酒的人會講的內容，讓人覺得很輕浮。但是，你只是表達心意，很多時候讓人覺得很美，他會知道你很喜歡他——其實，當一個人真正喜歡上另一個人，或是你真的很舒服的時候，也不必表明什麼，那種感覺根本掩飾不住，稍微觀察就知道了。

有時候，你得想一下：真的需要表明嗎？也不必嘛，你所有的喜惡都已經顯露出來了，人家一看就知道。你可以自我解嘲一下，就說：「今天真的是天下紅雨，認識你真好，世界上怎麼會有這麼好的事情！」

有時候，喜歡上一個人會語無倫次，表現很奇怪是正常的，這種感覺大家都看在眼裡。即使表現失常，你仍可以很優雅、輕鬆的帶過，不需要刻意掩藏那種神魂顛倒的感覺。就說：「啊，今天不太對勁，對不起，失態了。」你給自己個台階下。

這個感覺，對方一定知道。平常你自己的功力到哪裡？定力到哪裡？修養在哪裡？這是需要練習的。平時讓自己有一點水準，還是多一點經驗比較好。如果你真的沒經驗，你現在臉紅了，好像煮熟的蝦子，講什麼都沒用，怎樣能不表明心意？任誰都知道你的感覺。

這裡的重點是，平常你沒有去訓練自己，這些感覺根本掩藏不住。不過，人與人之間的關係，美就美在這裡，何必特別要去掩飾呢？明明心裡活蹦亂跳，小鹿亂撞，還要故意裝得很嚴肅，很矜持的不笑出來，要讓別人看不出來，甚至還讓人覺得你討厭他？城府這麼深，到底是要幹嘛？

當然，我們不是間諜，也不是要做特別的多邊外交，不需要掩飾情感。我們只是平常的普通人，喜歡一個人就喜歡吧，讓你知道就知道吧，又怎麼樣？只要不是太失態，自己能夠下台階，自我解嘲，或是客客氣氣的說：「今天真的很開心。」就很得體了，心意也是表明了。你有個比較婉轉的收尾，大家都還有下一次見面的機會，不需要特別去掩蓋。但是，如果你讓人感覺很隨便，這確實大有問題，表示你平常的修養、做人、講話、舉手投足都有待加強，那回家之後，仍是需要多加練習。

第五章

情場上的行情

什麼樣的女孩子，愛情市場的行情最高？

各種人，都有各種行情。每一個人都不一樣。

若真要說，先給大家一個觀念：大部分的人所喜歡的行情，大概就是「百分之六十」的標準而已。可能，有許多人喜歡某種特定的類型。偏偏你喜歡的不一定是這一型，不是在百分之六十範圍內的，討論這個主題，就不是很有意義。

有一些人，會喜歡和一般人不太一樣的風格。若要說「特別」，其實這些人也不算少數，畢竟愛情這種事很主觀，每個人有不一樣的感覺。但是，如果講到一般人都認同的百分之六十，就是勉勉強強合格的範圍，以這個百分之六十的行情來分析出下面這幾點，會有比較多的機會。從外觀到內在，我們簡單把它分成下面三點。

第一種，是可愛活潑的女孩子。

一般來說，長得漂亮，就是當「明星」比較有用處。至於要從愛情的角度來看，長得漂亮是否真的會加分？其實是不一定的。畢竟情人眼裡出西施，一個人漂不漂亮，真的不是那麼重要，但「可不可愛」這件事，就相當關鍵。

所謂的「可愛」呢，就是比較會笑，顯得比較溫柔，這樣的條件非常討好。裝扮也是一樣的，譬如他展現的氣質，會讓人覺得比較可愛溫柔；個性活潑呢，會讓周圍的人也受到感染，覺得心情也開朗了起來。

一個人是否活潑，決定在於他講話是否有生命力。像是會主動說話，也比較會開玩笑，討人開心，讓人家覺得容易親近，非常討喜。一般人都會被這種人吸引，容易跟你有話聊，光是這一點就很佔便宜。

第二點，是傳統女人該具備的特質。

這種感覺對很多人來說，是一種美麗的象徵，不見得是性感，但就是讓你覺得她是個「女人」。有人會認為，講到「傳統」就是一種束縛的觀念。這裡要特別說明「傳統」這一點，不代表家庭主婦要遵從的三從四德，凡事畢恭畢敬，倒茶、拿拖鞋，侍奉公婆等等，我們講的不是這種東西。

之所以用「傳統」這兩個字來說明，是以觀念上來說，具有傳統的以家為主、以夫為貴，願意相夫教子、生養小孩、願意持家的觀念。也就是說，「持家」是很重要的事情。像是錢不會亂花，管理家務，基本上家裡的吃、住、用等等，她都會關心，忠於丈夫，這種態度，就是我們所講的「傳統」，就是做個女人該恪守的本分。雖然她可能有自己的事業，或是自己鍾愛的藝術或團體、運動、嗜好等等，但這些都沒有什麼衝突，基本上就是擁有女性的美德——她不會想要壓倒男人，爭權奪利，甚麼都要當王，好像很任性、沒得談、沒空間的那種，不是我們講的這樣子。

一般百分之六十的行情所要求的，就是能生能養，會照顧丈夫，會持家，扮演好一個家庭中的女主人，好妻子，好媽媽，會打理自己，能夠幫夫的這種老婆，這就是我們傳統女性觀念的特質，也是女人要具備的溫柔。

最後一點，是心地善良、給人空間，會尊重人的個性。

她不會到處跟人爭吵，不會勾心鬥角，爭風吃醋，處處計算，而是比較喜歡幫助他人，心地是善良的，這會給男人舒適、安定的感覺。男人跟這樣的女人在一起，心裡不會很緊張，不怕很容易得罪她，一點點小事情就搞得雞飛狗跳，讓男人覺得像在坐牢，不能施展。

第五章　情場上的行情

很多現代女人很強勢，個性強悍，能力不在男人之下。其實，這些條件都很好，但基本上還是要善良溫柔，還要體貼、善解人意，讓男人有空間做自己，前面的條件才會有加分作用，相處起來沒有壓力，家庭氣氛也比較融洽。

所以，為什麼選老婆跟選女朋友不一樣？就是前面提到這幾個點，確實是有不一樣的地方。雖然在愛情市場裡面，這三點是比較有特色的，可是，這三點是比較偏向於選來當老婆的。所以，既然講到所謂的「愛情市場」，這邊要稍微做個分野，因為題目並沒有很清楚。如果只是要談戀愛，那或許就不同了。

或許有些男孩子會說：我喜歡潑辣的女孩，越有個性越好！就像有人會說：「男人不壞，女人不愛」，這樣子的壞脾氣，如果是當男女朋友的話，搞不好市場行情反而會高一些！可是，一般人也都知道，男孩子在愛情上頭，選擇女朋友跟老婆的條件是不一樣的。關於愛情的味道，感覺也不一樣。

現在講到愛情市場，我是以一個長遠的觀點來探討。當你要娶一個人，在愛情市場要怎麼選？也就是說，當你看到這個女孩子，你是要跟她談戀愛呢？還是要跟她結婚？

當你的目的不一樣，誰的市場會比較高？如果是以結婚為前提，就是前面提到的這三種特質：活潑可愛、傳統女性特質，還有心地善良、善解人意的。

至於挑女朋友的時候，可能不需要這樣的條件。女朋友就是身材火辣，或是外型很漂亮、很性感之類的，甚至挑一個整天爭風吃醋的女朋友，對還沒結婚的男人來說，都會覺得特別刺激有趣。但是，當她做你老婆的時候，恐怕開心維持不了多久。如果是娶老婆，前面所提的這種市場行情高的，是選來做老婆的條件，不過也只是百分之六十的標準，給大家做一個參考。

我怎麼知道，他是我的 Mr. Right（Mrs. Right）？

想要知道這個答案，是因為你怕失敗，你不能夠接受挫折，因為你不願意去經營，不肯去把事情真的做好。

就算有很多事情出了問題，還是可以解決，可以搶救。但是，你怕麻煩、討厭失敗，沒辦法經歷挫折，沒有辦法面對人家不喜歡你，或者是你得到的東西不夠好，或者是你心中的不舒服，這些全部都不願意面對，所以才會一直很在乎對方是不是自己的「Mr. Right」，就是一切都要很好，很完美。

如果人生一路走下來，什麼都很好，那要幹嘛？趕快去天堂，天堂最好，沒有事情，沒有煩惱。可是，真實的人生不會是這樣的。

你要有一個認知：人生，是能夠經歷所有的事情，能夠經歷所有的挫折。你能夠創造成功，也能夠承受失敗，兩樣東西對你來說都是一樣重要的經歷。不管事情成敗，都是生活的一種學習、一種進步。

人生是以進步成長為目的。所以，最重要的，是你自己能不能去面對，而不是一天到晚在想：「選這個對不對？」

「這個好不好？」

「吃這個東西，對我有沒有效？」

「這個東西，我買了有占到便宜嗎？」

而不是去想我怎麼樣付出，我怎麼樣對這個人好，我怎麼樣愛他，我怎麼樣讓他成為我的 Mr. Right？關於成功的勝算，機率比較高的方法是：我怎麼樣把他變成 Mr. Right？我怎麼樣讓我自己成為 Mr. Right？這種思維，才是最有建設性、最值得研究跟保證的一個方法。

沒有人有辦法保證你的人生，但至少你要保證自己的人生。你沒有辦法讓別人成為你的 Mr. Right，可是，你可不可以讓自己成為一個 Mr. Right？你自己做好一個丈夫的角色，妳自己扮演好一個老婆，自己做一個可以讓人家欣賞的情人，可以讓人永遠無法忘懷、永遠喜愛、永遠珍惜、永遠感動，永遠想要疼愛的那一個人，這才是比較重要的。所以，答案是你自己有能力成為 Mr. Right。

如何去判斷對方是被低估價值的好對象？

這個真的沒辦法知道。因為你有可能低估，也可能是高估。低估了以後呢，也可以把他變成是好的追求對象。就算高估了，還是可以把他變成有價值的對象。所以，不管是低估或高估，都是人之常情。

有時候，我們估計某個房價應該很高，實際上卻沒那麼高。有時，估計那個房價以為會很低，沒料到實際價位卻滿高的。這不是一個你能夠把握跟衡量的情況。你想要這麼準確的去估量，老實說，還是有辦法的。只是，這樣的心態很有問題。因為這透露出你一直想要走捷徑，或是想要找尋「標準答案」，想要不勞而獲的那種訊息。

其實，你要把一件事情估算的很正確，除了知識要很充足之外，經驗的累積也很重要。所以，為什麼我提倡早早就要開始學習戀愛？這就像打球一樣，越早學越好，不管是學什麼，小時候有學過跟沒學過就差很多。

戀愛這檔事也是一模一樣的。你有很多經驗，況且都有可能會誤判，更何況是沒有經驗的人呢？所以，如果要評估，就是看誰有經驗，誰算得準，這些能力是練來的，也是學來的，但是一定要靠實作。如果你都沒有實作，人家告訴你一個撇步，那好像是背答案一樣，只要有一點偏差閃失，是不是就會判斷錯誤？

想要藉著別人給答案的這種心態，像是尋找捷徑、想要走快速道路，那你也要有方法能夠疏通。就算有了這個管道，你必須有本事應付，因為只要稍微有一點點不一樣，答案就會不同。

譬如說，你是007的角色，一定要具備很多臨場的經驗。就算特務機構給你最先進的武器，提供很好的機會跟正確的訊息，後面也有第一流的團隊幫助你。萬一現場有什麼狀況，還是要靠你自己臨機應變的能力，這些都是平常訓練所累積的結果，不是只靠著團隊或高科技就能一帆風順。要是這麼容易，就不必有007了。愛情這種事情更是一樣。你自己要能夠應變，要能夠非常靈巧，或是很有耐性的等待，這些都是基本功。要處理這些問題的最基本能力，當然是溝通。

如果這個問題問的，只是很簡單的希望得到一個訊息：怎樣才能夠不高估、不低估？我覺得這都不是最重要的關鍵，因為人生的問題，不是早到就晚到，常常很難剛好準時，你要準時的最好方法，就是早到，低估還是好過於高估。不過，你如果覺得高估他，到後來，當你覺得對方不是心裡想像的好對象時，其實會相當失望，對不對？

要是你把他低估，後來發現他是個好對象，那錯就錯在你放棄他嘛！

所以，如果你願意去經營，覺得那個人是一塊料，你要不要造就這個好人才？那麼，怎樣的人才叫做「好料」？非常簡單，有意願的人就是最好的材料。如果你跟一個有意願在一起的人，不管被高估、被低估都不是很重要。你要問問你自己，你喜不喜歡、你願不願意、你能不能夠、你可不可以，這個才是重要的。如果你「願意」，很多事情就容易了。

我如何知道，錯估了自己在情場上的價值？

這個也沒有什麼好錯估的，因為要看對象。

有沒有價值，是比較出來的。不管是疼痛，或是能力皆是如此。那麼，該怎麼比較呢？譬如一輛卡車只能載二十公斤，那你一次要運五十公斤的料，對這台車來說就是過重。但是，另外一台車的負重是一百公斤，那麼，運五十公斤就可以一次運雙倍。所以，這個要看對方的水準跟能力——你跟誰交手？這就是重點。

你說你錯估自己的價值，那你的價值是跟誰比呢？如果對方是負載二十公斤的，你有五十公斤的量，那他當然載不動，一定會受不了。要是另外一個是一百公斤，你只有五十公斤，那你就不太有用，英雄無用武之地，要不然就是載你輕而易舉，很不過癮，無足輕重。

或許，人與人之間不能這樣量化，感情也不能用量來比。這樣的概念只是讓你知道，如果對方沒有要那麼多，你的價值可能就很有用。但是，你是不是覺得自己很舒服？如果對他來說，和你在一起是「殺雞焉用牛刀」，你根本不能滿足他，那你幹嘛要跟他在一起？

你在情場上的價值，也不是永遠的一個質量。就像一克拉的鑽石，到底是好還是不好？有價值還是沒價值？反正就是一克拉的價值，但也要看誰戴、看誰買、看怎麼用，用在什麼地方。如果人家要做一個鑽石項鍊，加起來要十克拉，要十粒，那你只有一粒，能幹什麼？你說，拿來做個婚戒吧！就用一顆鑽就好了，偏偏人家要用到兩克拉；你只有一克拉，那價值到底在哪裡？反正你就是只有一克拉的價值。

所以，你在情場上的價值到底是什麼？你必須自己定出來。但是，當你定了之後，也要看看有誰會來欣賞啊！

愛情之所以有趣，是在於它是兩個人之間的事情。當你個人確定了這個價值，這是你一個人的事情。當然，我有講到你要獨立，你要有能力。既然你是完全獨立的，你的價值就這麼多，可是還要看你跟誰搭配，是不是？

今天不管你是要舉重或是打拳擊，都有量級的區分。你是重量級的、中量級的、輕量級的，都要先分出來。你自己有這個價值，可是也要知道自己的分量，對上輕量級的，可能你就剛好。但是，當你是中量級的選手，對上輕量級的，自然是有過之而無不及，你可能會贏得很輕鬆。如果你是一個重量級的選手，也碰上一個重量級的，那就勢均力敵，比賽非常有看頭。如果你是一個輕量級的，很不碰巧地碰上一個重量級的，那你的價值呢？你多厲害不重要，最後一定是被打爆，就這麼簡單而已。

所以，你要知道自己的價值在哪裡，可是也要知道，你要讓別人來衡量你的價值時，要看是誰來衡量。把這個東西搞清楚，愛情是兩個人的世界，這樣你就不會那麼困惑。

男人不壞，女人不愛，是真的嗎？

這個問題很有趣。

如果你只想知道是「真的嗎？」那你要看怎麼樣才算真的。就算這句話是真的，你就趕快去想辦法變壞嗎？要求你變壞，你做得到嗎？要怎麼個壞法呢？一定要那麼壞嗎？那也要看對方是哪一種女人。

很多時候，你真的使壞，人家就嚇跑了。所以，這句話是不是真的，關你屁事？不太重要。你每天不去做自己該做的作業，不去好好進步成長，在想這個是真的嗎？假的嗎？這對嗎？這個錯嗎？這個好嗎？這個不好，對了又怎樣？錯了又怎樣？其實都不關你的事，因為你的人生都不是在實踐這些思想，跟這些人家說什麼，或是驗證別人體會出來的心得，到底對你的人生有什麼幫助？我覺得這些太不實際了。

我想問你：就算是真的，你就要去變壞嗎？你會嗎？那如果這句話是假的呢？那你就可以不使壞，追求愛情變得很順利？反正你不能成功就不能成功，能成功就能成功，至於這句話是真的還是假的，對你來說一點都不重要！不要浪費時間再想這些東西了。

為什麼這麼多人，都想跟有錢的人在一起？

其實，有錢的第一個特質，是好用。他知道錢好用，可是自己不會賺，所以想找一個有錢的對象。

另外一個理由，就是自己很懶，很想依靠別人。

第三個，就是方便。以為只要有錢，萬事都能搞定。

第四，覺得舒服，不想要自己創造，覺得這樣就很爽了，好像翹著二郎腿，事情就會搞定了。

但是，不是大家都這樣的勢利。世界上有很多非常昂貴的東西，識貨的、買得起的人，自然會去用。就算買不起，如果能夠欣賞，也已經很不錯了。你欣賞一個人，你覺得愛他，就算他窮也無所謂。並不是每個人都覺得有錢就好。

自己能夠創造，能賺錢，這樣是最好的。因為就算有了錢，其實也不一定買得到快樂，也買不到真心。很不幸的，那麼多人偏偏喜歡這樣，這是很有意思的心態。若從愛情的角度或是個人品味，你一定是追求自己想要的，而且會不惜一切代價，有錢、沒錢，不會是考慮的方向。可是，既然這麼多人喜歡這樣，到底為什麼？如果你自己也是喜歡這樣，那麼，你就要想想看，除了以上幾點，是否可能還存在其他的理由？你是否有這樣的傾向？有這樣的問題，還是回過頭改自己吧！

假設今天有個大齡剩女，今天終於知道自己要找什麼對象了，那要如何在婚戀市場裡面推銷自己呢？

推銷自己的時候，你要強調自己比人家「好」的條件是什麼。所謂的條件好，並不是要讀多少書，因為對方也不見得要選這樣的對象。所以，你要很了解自己的強項，把強項明顯地表現出來，重點是你自己能夠欣賞，而且你很自在。

建議你還是要比較勇敢一點，敢追、敢講。你可以主動告白，表達不必很強勢，可是在適當的時候，一定要講話。很多人等啊、等啊，時間全都耗在等待上了。你可能等了十年還是沒有結果，其實不是你條件不好，敗就敗在不主動。

主動很重要，但也要拿捏分寸。要是你過分的主動，那只會把對方給嚇死，不是那一種讓人有威脅性的主動。所謂的主動，是要敢講。你真的喜歡對方，該講的時候，你一定要敢講出來，要懂得表達。你想要結婚，你要願意講出來，很輕鬆的講，就是：「我希望可以結婚。」，或是：「我喜歡你。」要是你連這個都不敢講，那機會當然就沒有了。

不管你的強項是什麼，最後能讓你「突出」的，還是在於你的真心，還有你的溝通能力。當你有這份真心，你講得出來，這是最實在的。沒有比這個更白話的東西了。你把心意表達出來，這樣就可以了，其實道理沒那麼深，深到讓人做不到。

當我推銷了自己，感覺對方對我好像挺有意思的。可是發現還有競爭的對手，那麼要怎麼打敗競爭對手呢？

在競爭上面，你就是不可以抱著「無所謂」的態度。好像我就是高高在上，等著人家來追我，或者是自動會被選上，不是這樣。你要一直做功課，你要很願意的去練習，很有意願地去準備。

譬如在找工作，我們寫履歷，不是隨便寫一下就會被錄取。在寫作文的時候，也是一直要練習。你上學、工作都要這麼認真，但是在愛情上竟然這麼無所謂？我認為這是一個態度的問題。

遇到競爭對手，要用平常心看待。但你要做足功課，要做好準備，要時時刻刻都很在乎、很有熱忱的做這件事情，不要打一通電話就不聯絡了，看一個簡訊就沒下文了，你永遠已讀不回，讓人一等就是三個禮拜，這樣當然就會錯過很多事情。

很多時候，不是你條件不好，而是你太過疏忽了，這是要提醒大家的問題。情場上有競爭對手根本沒什麼奇怪，可是也不是比什麼誰強誰弱，你一定要比人家表現突出，你可以講出你的真心。

你要記得一件事情：愛情這件事，就跟刷牙一樣，你天天都要刷，不能偷懶。你要常常去創造機會，爭求自己的進步，不要輕易放手。就好像我們常聽到一句話說：「沒有醜女人，只有懶女人。」這是完全一樣的道理。我個人的經驗，只要態度積極的人，大部分都會成功。

第六章

外貌協會的迷思

男人都喜歡正妹嗎？

其實，並不見得，因為個人的品味不一樣，更何況，關於「正妹」的定義是因人而異的。你喜歡的型，對別人來說不一定會喜歡，搞不好甚至是討厭，或是覺得沒有味道。

從另外一個角度來說，所謂的「正妹」，因為長得美，或者是外型很正，當然大家都喜歡這樣的類型。但是，怎麼樣才符合「正」的標準？每個人的定義就不一樣了！

有的正妹可以騎馬，穿帥氣的西裝。

有的正妹就很有傳統女人的味道，像是穿旗袍。

也有很多正妹穿迷你裙，濃妝豔抹，很有雜誌模特兒的味道。

也有些人心目中的正妹，就是穿著得體，應對進退得宜、個性溫柔之類的。

所以，怎麼樣的標準才算「正」？這就很難說啦。如果以一般來說，那種很年輕的正妹，不見得真的很受歡迎。很多人喜歡成熟的女人，覺得熟女才有味道。這就像青蘋果，嚐起來青澀，成熟的番茄跟桃子就比較有韻味。所以，「正妹」也是個人品味的問題。

一般來說，男人都喜歡漂亮的女生，這是理所當然的。但是，除了漂亮的標準不同之外，有的人並不在乎外表，他心中所定義的「正」，是因為女孩展現出來的帥氣，或是豪爽大方的個性，讓他覺得這樣很正，這又不一樣了。你可能喜歡某個類型的「正妹」，看一眼覺得順眼，可以考慮當女朋友。要是再進一步問你，是不是真的要娶她？是不是真的要跟她相守一輩子？這又不一樣了。

所以，光是一個這樣的問題，答案「是」跟「不是」都無所謂。然而一般來說，男人當然都喜歡正妹，漂亮的對象誰不喜歡？甜的水果，大家都喜歡吃。但是，也有人特別喜歡吃酸的，也是一樣的道理。不要花太多時間去想這個東西到底是普遍喜不喜歡，並不是很重要。

愛上外貌姣好的人，難道不對嗎？

關於這個問題，本身就已經有問題了。

追愛

第一個，就是「喜好」並沒有對錯。你喜歡什麼樣的人並沒有問題，純粹就是個人喜好。愛上面貌姣好的，就是你欣賞的，一看就對眼。這就是一種美，一種格調。你欣賞這樣的人，那就會一見鍾情，遇到了就會喜歡上對方。很多時候，愛情故事就是這麼簡單地發生。

譬如說，男孩子看到某個女孩子，覺得她長得很漂亮，馬上就喜歡上人家。甚至我們在電影裡常看到的，男主角第一眼看到女主角，就叫對方嫁給他了，或是女孩子看到自己心儀的男孩子也一樣，一看到他，「哇！他真帥！」就心花怒放了，把心都給了人家，一輩子跟著他吧，隨便人家擺布也無所謂。

確實，有些時候，僅僅是這樣一面之緣，就促成了一樁姻緣。但是，到底是不是因為外貌姣好？其實很難講的。畢竟眾人的審美觀有落差，在你看來長得很帥的人，我看起來可能像是土豆一個，是不是？所以，這種東西真的沒有對錯，看上就看上了。

那你說，你是因為面貌姣好而愛上對方嗎？有些時候，你本來就很喜歡那個對象，你是因為她個性的某些特質才喜歡對方，剛好她的面貌很漂亮，那就是錦上添花。很多時候是情人眼裡出西施，到底是不是他的外貌姣好？這很難說。我幫很多人作過媒，很多時候我都會覺得呆掉，就是女孩子覺得很帥的男生，或是他覺得很漂亮的女孩子，我一看，怎麼看都覺得：到底你覺得美在哪裡啊？到底帥在哪裡啊？所以，這種個人的感覺很難有一個標準。

回歸正題。第一個重點，喜歡怎樣的人，並沒有對錯。第二個，喜歡，是很正常的，因為你看到對方外貌姣好，或許別人不見得這麼認為。當然，有些人是大眾情人，天生長得像明星，或者大家公認的帥哥美女，這也是沒問題的。那長相帥氣的，當然被追的機會就比其他人來得大。但是，很多時候你愛上某個人，是不是就因為他的外貌？不見得，只是有些時候，焦點被模糊掉了。

譬如說，人家公認某個女生外貌姣好，但是在你心裡，可能是她身上的某種氣質、某種味道，或是某種你們互相投契的深度，你愛上的是那種契合的感覺。很不巧的，當你愛上對方的時候，剛好跟她的美麗外表聯結在一起，因為很多很有能力、很能幹，或者是很有氣質、很有水準、修養很好的人，經常也是外貌很出色的，這是相由心生的道

理。因為這個心修得好，外表會受影響，所以裡外是一體的。你喜歡的是她的內在，可是，剛好她的外在也是那麼美。

我們常看到的電影男女主角，表現的就是這種人。你說這樣子好不好？當然好！對不對？沒有什麼對錯。你不必自己過意不去，好像你只是外貌協會，那倒也不見得。因為在別人的眼裡，不見得就會喜歡這樣的人。那你說，把一個帥哥送給你，也不見得每個人都要，把這個美女送給人家，偏偏他說：「對不起，她不是我的菜。」所以，你自己覺得好就好了。以愛情的角度上來說，這種事情沒有什麼對錯的問題。

長得漂亮的人，比較容易得到愛嗎？

這個主題應該這樣解釋：長得漂亮，機會確實會比較多一點。但是，如果這個條件只是天生麗質，那優勢便只限於很年輕的時候。

所謂的「長得漂亮」，根據我的觀察，其實到了最後，重點不是所謂的天生麗質，

第六章　外貌協會的迷思

我個人認為是懂得打扮、保養的成份居多，意思是後天的因素為主。你長得漂亮，在孩童或青少年的時期當然是佔便宜，很多人會喜歡上你。等到進入社會，二、三十歲甚至到了四十歲，身材容貌整個變了樣，感情上還是孤家寡人一個。

人到了中年，要是人家還是認為你「長得漂亮」，其實並不是出生五官就很美的那種優勢，漂亮不是依靠所謂的天生麗質，而是他的氣質、打扮、修為與談吐，這都是仰賴後天的磨練。

會打扮，是指打扮得體，讓自己展現出高雅氣質，那是一種了解自己的水準。或者是說修養很好、個性很好的這一種「漂亮」，是很重要的。擁有這種能力，絕對有加分的效果。所以，女孩子一定要會穿著，要會打扮，衣服、顏色搭配、髮型、裝飾、配件，另外也包含了氣質、聲音，這些因素都跟漂亮有關係，非常重要。只要戴一個不對的耳環，讓人見了，心中驚呼一聲：「天啊！」就覺得要昏倒了。你畫一個好像粉刷牆壁的妝，哇！夠讓人難受了。要是你穿了一個不搭調的鞋子，顏色不協調的衣服，不對時節或場合的裝飾，整個看起來就是不漂亮。

所以，不管你長得再漂亮，只要表現出來怪里怪氣的，裙子長短不對，衣服布料不對，髮飾也挑的不對，整體種種讓人感覺怪，就不會漂亮。光是仰賴天生的條件，很難呈現出漂亮的樣子。所謂的「長得漂亮」，絕對是後天修飾打扮出來的。

要是一個人做到了「漂亮」的程度，他對流行的敏感度，包括服裝、氣質、顏色，包括言行舉止，走路的樣子、氣勢、眼神，甚至風度、禮貌全都到位了，才謂之「漂亮」。

讓人覺得「長得漂亮」，管你是十七歲還是四十歲，這樣是不是比較容易得到別人的愛？這又是另一個問題了。「比較容易得到別人的注意」、「比較有機會讓人邀約你」、「比較有機會讓人多看你一眼」，「別人可能會給你較多的機會」，確實，以一開始來說，這是比較「容易」的優勢，機會比較高。至於後半段的「得到愛」，是不是真的這樣？就是一個大問題了。

你光是靠外表、靠打扮，你顏色今天搭得好，帽子戴得很好看，那就會愛到天荒地老了嗎？這簡直是個笑話，想得美，這叫做異想天開。你得知道，把自己弄好是加分，機會也加分，如果人家已經愛你了，那也有加分效果，就像拍電影，女主角本來就漂亮，

第六章　外貌協會的迷思

每一個拍攝的角度要稍微補妝一下，燈光打的漂亮，觀眾看了當然就是覺得更舒服。可是，是不是因為女主角長得好看，就保證票房一定好？是不是因為燈光效果更講究，補妝補得很棒，觀眾就會因此而感動？那就是兩回事了。

但是，也不能因為是兩回事，就不去管它了。電影的品質，包括燈光、化妝，畫面的清晰度，這些條件全都是至關重要的。同理可證，關於女人漂不漂亮的所有條件，如果有做到好一些，一定是有加分的。但是，就算做到滿分，能不能得到愛，這又是完全不一樣的問題。

比較極端的例子，就是長得又漂亮、又有氣質，又有能力、個性又溫柔婉約，什麼條件都很好的美女，結婚之後還是被老公劈腿，或是說不愛你，或是最後落個離婚的下場；不管結果是什麼，總之，就是得不到愛。

有些好事者會說：「奇怪，這個老婆這麼漂亮，老公怎麼偏偏挑一個這麼醜的小三？」

沒有為什麼，那就不一定嘛。大老婆確實長得漂亮，有沒有得到愛？沒有。不需要問到底為什麼，每個個案都不一樣。我只能這樣告訴你：長得漂亮，被追的機會確實比較多，也比較容易有機會進入狀況。但是，愛，絕對不是長得漂亮，或是打扮得宜就可以得到的東西。如果是這麼簡單，我們比賽打扮就好了。換句話說，「比較有機會」的講法是正確的。至於「得到愛」的這個說法就是錯的，因為「漂亮」不等於「得到愛」。

有正妹主動聊天，真的是走運嗎？

這個問題相當有趣。可能是仙人跳吧，還是有什麼壞運要來臨，其實心態是很好笑的。聊天也沒什麼啊！就算是正妹，主動聊天又怎樣？她只是跟你聊聊天，最後還是要離開。那麼，你被正妹搭訕了，就心花朵朵開，小鹿亂撞嗎？用平常心看待吧。

有沒有人來聊天，又怎麼樣？有些時候，正妹也是尋你開心，看你好像可以聊些什麼，或是看你呆嘛。至於是不是就這樣走運？其實也太好笑了。正妹也是人，只是聊聊天，你何必把這事看得這麼嚴重？她來跟你聊天，就是對你有意思嗎？還是要幹嘛？這就像路上突然撿到一塊錢，就怎麼樣？你覺得今天突然中大獎了嗎？

不必把人生的偶發事件看得這麼重要，這些都是很無聊的小事情。你可以把它當成茶餘飯後的話題，純粹開心。但重要的是：是不是常常有正妹找你聊天？這個問題比較實際一點，對吧？

所以，培養自己有這種能力，自然是比較重要，不是一天到晚在想中樂透，這種心態真的是滿可笑的。

追到了愛，要如何長久？

「追愛」的感覺，跟尋寶是很類似的。在尋寶時，你不能看到寶藏就發瘋了，財迷心竅。也有一種人，明明找到了寶藏，卻什麼也不拿，非常的瀟灑。但是，這是人生的態度，學習的時候可不能這樣！看到寶藏卻不帶回去，看一看就走了，好像你很大方，怎麼這個樣子呢？

追愛

學習就跟尋寶一樣，拼了命也一定要找到；找到了你要的知識，就可以繼續前進，而且一定不能浪費時間！找到寶物之後，不管你要做什麼，都會想要去尋找下一個寶藏，這就是尋寶的有趣之處——過程。

但是，如果是人生就不一樣，人生的寶藏一輩子都挖不完！當你找到一個人，跟一個人在一起二十年還是挖不夠，要挖到最後一秒才行。你會跟另一個人結婚，但是你不會跟寶藏結婚，對吧！要是你搞錯方向，就會想跟寶藏結婚，跟寶藏結婚的人最後都只有死路一條！

你要曉得精神跟物質的差別。談感情，談的到底是物質還是精神？一定是精神。要是你眼中只看到美女或帥哥，也就是所謂的外貿協會，那就是物質。找到寶藏然後就可以走了，因為那是物質。如果是走精神的路，便要與你在一起一世，這是你今天要來尋找的答案！

你要怎樣跟一個人在一起長長久久，還能不無聊、不生氣，甚至還可以繼續走下去，這可是不得了的學問！人，為什麼這麼有趣？因為人的內心有挖不完的寶藏。你

第六章　外貌協會的迷思

既要挖對方的寶藏，也要挖出自己的寶藏。

尋寶的目標是黃金，找到就結束了，就要去找下一個目標了。如果你的目標是一個人，你要挖出他內心深處的寶藏，如果不去跟對方講話，不跟他在一起生活，你不可能會知道的！

第七章

男人想的，女人要的

只要是人，都有一樣的問題

愛情，是一個男人跟一個女人的事。當你們兩個人遇到了問題，對你來說應該還滿特別的，因為僅有、獨一，就我們倆有這樣的問題。那麼，換成別人呢？問題就不同了，換一個男人或換一個女人，情況就不一樣了。

一個人會表現出他的不正常，或是很戲劇性地告訴你：「我很痛苦，我快死了！」這種事情最好笑——他竟然感覺自己快死掉了？可以死給大家看啊！老實告訴你：再怎麼痛苦，也不會死的啦！可是，當事者的感覺是這樣。

那種痛苦的感覺，沒辦法去比較是你比較痛苦，還是他比較痛苦，這種精神層面的事情沒辦法量化，但這個東西就是我們要探討的。如果一個人一直覺得不舒服，那件事情對他的影響到底會有多嚴重？在他本人的真實性裡，他的感覺就是那麼嚴重。至於到底是否真的有那麼嚴重呢？

你如果說：「不就是他不愛你嗎？那又怎樣？」

沒錯，對你來說確實沒怎樣，但他就覺得差不多要去死了。那個感覺，就是「如人飲水，冷暖自知」。

關於愛情，我是專家。我可以概括性地告訴你所有問題的答案，但是，永遠不準。我只能跟你講：男人想要的，女人都想要；女人想要的，男人也想要。差別在哪裡？就是每個人的弱點不一樣。有些男人有患得患失的弱點，同樣的，也有女人具有同樣的弱點；這是相通的，沒有區分所謂的男人或女人——只要是人，都有一樣的問題。

基本上，在你沒有辦法做到的，就是你想要的，這是一種講法。譬如說，有個女人表示，她想要找個男人來依賴。為什麼要依賴男人？這是兩個人在一起很有趣的地方，講得好聽叫「互補」，講得難聽一點，就是希望我身上沒有的，從你身上能找到，我就可以從你身上得到一個非常舒服的幫助。

這好比說，你需要一根拐杖的時候，就會希望對方是拐杖。其實，男人不一定是拐杖，有時候，女人也會扮演拐杖的角色。為什麼男人很喜歡回家？就喜歡吃老婆煮的菜，當他想要吃老婆煮的菜，這就是一個依賴。他回到家呢，就想到老婆有煮飯，那他就會回來，他喜歡吃老婆煮的飯，他就會回來吃飯。

在這樣的情況下，你說，男人想要的是什麼？他就想要老婆能煮飯。那麼，同樣的，女人要的，是老公願意回來，所以她就煮飯。只要老婆煮飯，老公就會回來，對不對？那種互動關係是很有趣的。每個人都會有一個他自己想要的東西，他會製造成那樣的結果。

為什麼一個人會想要結婚？一般人不太知道其中的理由。一個女人結婚呢，可能有人會幫她修水管，幫她修廁所，或是載她去某個地方，因為她想要依賴，她有什麼事情，就可以打電話給老公處理。如果說水管漏水，她不知道該怎麼辦，就會跟老公說：「你回來了，漏水了。」

「我回來跟漏水有什麼關係？妳怎麼不先處理一下啊？」

修水管的事情，是女人不想要做的。女人要什麼？要你服務她，做她不想要做的事情。這很有趣，是互相填補。男人有男人要的，女人有女人要的，男人有男人想的，女人有女人想的，可以說是「各懷鬼胎」，去彌補彼此的缺陷，而且每個人通通都不一樣。

如果我跟你說，男人就是不想要人家唸，但女人就是比較喜歡碎碎唸。這樣講的時候，其實也不過是百分之五十至六十的比例。那麼，有人就會跟你唱反調說：「我認識的就沒這樣啊！」人家會說這樣講的不準，而且時代一直在變，這些「數據」也會一直在改變。

比方說，以前古代人過著狩獵的生活，那你就可以講：男人喜歡打獵，女人喜歡在家，這就滿精準的，因為在那個時代確實生活型態是這樣。但現在呢？女人會說：「胡說八道，我打獵打得比男人好！專家講的都是錯的！」

我們身處在一個男女角色很難清楚劃分的年代。現在有很多原本認知的觀念，全部都顛倒過來──男人都在家當奶爸、換尿布，女人拋頭露臉去外頭賺錢，尤其現在的女人，做很多男人能做的事情，以前在男人的社會裏面，女人是不參與的，女人的世界裏，男人是不進去的，就好像說男人不進廚房，或女人不干涉政治之類的。現在呢，連總統都換女人來當，所以界線就愈來愈模糊了。

所以，現在要說「男人想要什麼、女人想要什麼」，答案並不是這麼地精確。如果

追愛

這個問題只限於「兩性」，只差那麼一點，就是男人不能生小孩。如果男人可以生小孩，我相信很多男人願意生。

我聽過男人這樣說：「我要是有子宮，我就不要靠她生！我為什麼對她那麼好，還要看她臉色？就是希望她幫我生個小孩。」

這也是滿有趣的。如果是在以前，故事情節多半是女人很倒楣，子宮在她身上，她很衰被搞大肚子，男人跑掉了之後她得自己養小孩。現在變成男人愛小孩超過女人，但是，他每天追著她，甚至掉眼淚跟人訴苦，自己多想要個兒子啊，老婆就拿這件事來整他，用孩子當籌碼把他搞得七葷八素，劇情很精彩呢。

所以，你說孩子是女人的弱點？其實也不見得。現今社會，很多想要孩子的反而是男人！只是，想要孩子的理由又很不一樣。有的男人要了孩子之後，他希望上班回來，玩一玩就好，最後還是要女人幫他養，這也很好笑，對吧？

還有些男人在孩子還年幼的時候，他不喜歡跟小孩講話，他一直在等，等他兒子大，可以跟他去打獵，這也很奇怪啊！

有很多爸爸很疼小孩，當孩子還小的時候，爸爸就只管賺錢，供他吃喝、經濟無虞，可是他沒有真正地跟孩子交流，爸爸希望兒子大之後可以接下家族的事業，或者帶他去交際應酬，或是傳承他的精神之類的，有些父親是這樣子想的。

在事業上，你說女人就只想要有一份工作，男人都喜歡爭權，那也不對呀！有這樣的男人，也有這樣的女人，現在很多女人爭著當廠長、當社長甚至出來選總統，而且智力跟思想上，女人跟男人是沒有差別的，現在女人愈來愈可以發揮自己的才能，最後就變成只有身體構造的不同。

男人想依賴，女人也想依賴，只是雙方依賴的型態不一樣。譬如男人要依賴妳，他不會像女人這樣子直接講出來，可是他的表現，在生活裡，他會有一些地方還是想靠女人——你以為男人都不想靠人家嗎？其實男人也很喜歡，男人小時候也是吸奶長大的，也是喜歡被女人照顧。有些地方呢，男人喜歡懶，光是躺在那邊什麼事都不幹，最好妳來服侍他，這也是另外一種男人想要的東西：妳來服侍我，而且妳給我親近，這也是他想要的。

男人想放浪江湖，女人想朝朝暮暮

正題來了。男人想要什麼？簡單說，男人就是怕麻煩。

女人有很多地方不怕麻煩，所以她可以一直唸，唸那麼久都不會停。她就是無所謂，可以同樣的事情一直這樣搞，非常有毅力的持續下去，不會這麼輕易放過你，最小單位以十年來計算。男人會覺得這樣很煩，不要煩我。偏偏女人的「纏功」就很厲害。不過，相反過來說，也有很多男人很黏人的，讓很多女人覺得很煩。可是，那種很怕被黏的女人，卻又都碰到那種特別愛黏的男人。所以，這就是我講每一對的問題都不一樣，各有他吸引人的地方。

這種很愛黏女人的男人，大有人在。我可以告訴你，男人很黏老婆的！你現在不太知道，年輕的時候，男人比較不會這樣，但是這個現象是普遍存在的：男人愈老，愈黏他的老伴，女人反而老了比較不會黏另一半，比較輕鬆自在。男人年輕的時候到處趴趴走找不到人，索命連環 call 都沒有回應，也不會打簡訊，可是老了，換男人每兩小時問老婆在哪裏？這個要等你老了才會知道。

第七章　男人想的，女人要的

男人很怕麻煩，很討厭細節，不喜歡主動。如果你問他說：今天要去哪裡約會呀？今天要辦什麼活動啊？等一下要看什麼電影？我們今天吃些什麼啊？其實男人不太有意見，這些細節，基本上他不喜歡管太多。男人的精神，都只耗在他有興趣的事情，簡單來說是他的事業，他就是對這個有興趣，然後他就想直接跳到目標，至於中間的過程，他都沒有興趣。

男人的感情，其實在表達上也是很籠統的，但是男人就覺得他情感很豐富，一生只愛一個人，然後他心裡一直想著這個女人，至於你要跟他討論這些細節，他腦子裡是沒有概念的。男人就是一個方向，他如果決定愛妳，就是愛了，其實想的很簡單。可是他不太講話，也不太去想細節，他可以愛妳二十年，或為妳做牛做馬，但是他不太講什麼甜言蜜語，也不會跟妳很親暱，就是女人想要的那種互動，在男人的心裡是沒有這些的。

「好，都聽妳的。」

「我愛妳，娶你吧！」

追愛

男人就這樣子，就這樣一句話，很簡單就沒了。男人覺得這樣很爽快。這種感情，要看武俠片才有——如果他很喜歡妳，就會問妳：「要不要跟我走？」差不多就是這樣，你就跟他就對了。當有了這段愛情之後，男人就去從事自己想要的世界，去搞他的事情。他心裡一直想：「我有一個很愛的女人，夫復何求？」男人就是這樣。

所以，男人的感情是什麼？就是他在戰爭、打仗，偶爾有空的時候拿著愛人的照片看一下，然後收起來，繼續打啊、殺啊，可是他永遠會記得這個女人。對他來說，只要夢到她、想到她，他就覺得有活著的意義。他一心想著打完仗，就要回去看她一眼。甚至很多年去了，他回來之後發現：怎麼這女人跟別人在一起啦？奇怪，怎麼變這樣？可是，他心裡仍會一直想著這個女人。

男人喜歡上一個女人，他可以活在那一個情境裡面很久，或許幾十年間，他只看到妳三次，但他會一直記得：「我一生所愛的，就是這個女人。」男人的重心在他的事業，他的心裡就是女人——以現代的生活來說，如果男人知道他有一個忠於自己的女人，就夠了！

以前的男人會出去打仗。現在不打仗了，他會去研究高科技或是做生意，專心打拼事業的版圖。當他醒來的時候，喜歡旁邊有一個支持自己的女人。有人會說，男人喜歡花天酒地，那是另外一種狀態。其實男人真正喜歡的，都是只有一個女人。平常他就忙他的，可是當他一醒來，他希望這女人還是在那邊等他，這就讓他覺得安穩，那就是家的感覺。

我丈夫跟我講過一句話：「妳在哪裏，家就在哪裏。」我覺得很感動。男人好像不太在乎家裡住哪種房子，或是要落籍在哪個地區，他就是回到「妳」身邊，到「妳」面前，就覺得自己回家了。他可以做到什麼程度？當那個女人在北極，他可以千方百計地跑到北極去——各位應該看過那種英雄救美的電影，殺到天昏地暗之後，回去抱女人一下就結束了，其實也沒要幹嘛。可是，心儀的女人在哪裏，他就可以跑去到哪裏，因為對他來說，那就是回家的感覺，一切都只為了那個女人，對男人來說，就是他的愛。

不過，一般的女人不會欣賞這種感覺。她會覺得：你不在我身邊，很難受！她覺得很痛苦。如果女人能夠欣賞男人的愛是一種很澎湃、壯觀的款款深情，他可能因為任務在身，長年下來就只能回來一次，只為了回他心裡的那個家，他可以為妳做很多事情，那份心裡的熱情澎湃很動人，感覺很美。

這就是男人跟女人的戰爭裡所發生的事情。女人要的就不是這樣，女人要的是朝朝暮暮，偏偏男人就做不到！女人對男人來說，有點像加油站，加了油，引擎啟動就跑了，跑到沒油才會回來，否則誰會停在加油站？沒人要在加油站。女人就會覺得，男人真是可惡的東西，就是這個時候才要回來！男人則是心想：不就是這個時候才要回來嘛？

有一次，我在韓國看到一句廣告詞：「I am your energy」，加油站的廣告。男人就是這樣，如果你不了解男人，就會覺得他很可惡。如果你能夠欣賞，就會明白他是多麼忠心，不管他跑到什麼地方，最後永遠會回到這個加油站，加完油，他就走了，可是當他來加油的時候，他對妳是很有感情的，他對妳的情感是澎湃的、很思念的、非常熱情的，但他就走了，沒有把油用到完是不會回來的。

那正是一種了解。如果妳叫他一直跟妳在一起，他是極度痛苦的，不管妳跟他講什麼，他都會分神，因為他會想要去打仗——男人天生就是要去打仗，他沒辦法一直跟妳

第七章　男人想的，女人要的

談那些柴米油鹽醬醋茶的事，講一講，不對盤，就要出問題了。

男人講沒多久，就開始講戰爭了；女人會覺得很奇怪，戰爭對她來說，根本沒有興趣。所以，妳跟一個男人在一起，不要太久，不然他馬上開始講他專業的東西，女人就發瘋了。他可以跟你講這程式怎麼寫啊、刀怎麼磨啊、我那匹馬怎樣訓練、我的盔甲怎麼穿啊、戰場上要注意什麼東西等等，他就講這個。女人怎麼會想講這些東西？當男人講這個的時候，女人就傻傻的，然後換她講的時候，就跟男人說：「我跟你說啦，昨天我那個化妝品……我那個菜……我那件衣服喔……」這時，就換男人開始失神，雖然他很想陪妳說話，但他受不了太久，差不多五分鐘就想趕快閃人，「親愛的，我去上班了！」打仗、打仗、打仗，這樣子最容易。

很多人會覺得：「奇怪，怎麼跟他在一起約會，這麼不認真？」

「一直接手機，不然就是恍神，也沒有東西講……」

很多女人沒辦法跟男人聊天。妳一直要求他講甜言蜜語，男人可以勉強應付一下下，因為他好不容易來到加油站，看看時間多少，就那段時間可以跟妳講一些風花雪月。可是他喜歡講的時間，很短；女人喜歡講的時間，很長！比例很不一樣。

男人要到位迅速，女人要貼心服務

男人，為了晚上可以跟女人做愛，從早就陪她逛街、購物、看電影，晚上吃個很棒的燭光晚餐，這些全都是男人很討厭的事情。他幹這些事，只是為了要得到女人的芳心。其實男人只是想：「晚上我要跟妳上床！」然而，女人是從早上開始，早飯、中飯、晚飯，你都得讓她很高興，晚上她才會想要上床，這段時間如果不小心把她得罪了，那一切都完蛋了！所以只好陪女人一整天。

這也是從古時候就有妓女這個行業，她不會問你太多問題，她不會跟你講小孩怎樣、衣服怎樣，妓女辦事就是「商業行為」，付錢了事，男人最欣賞的就是這個！就反正有錢能買，快、趕快，最好馬上到位。男人喜歡快速解決事情。但是，要搞定老婆卻很麻煩，得弄到她每個細節服服貼貼。如果要求老婆跟妓女一樣切換到「商業行為」模式，一切都以辦完事為原則，老婆就會覺得：「你把我當成什麼了！怎麼那麼下賤？」

「愛情怎麼會是這樣？付錢就搞一搞，這是什麼東西呀！」

這沒有辦法去比較對錯。你得知道，這就是男人想要的，跟女人想要的不一樣。

如果老婆可以這樣，其實男人也不在意，偏偏老婆就不是這樣想，男人就會覺得：「嘖……算了。」慢慢地，他就開始去找不同的管道發洩，所以，就會有妓女這樣的一個特殊行業應運而生。

男人在心理上，基本上是他想要做一件事情的時候，就會直接去做。大部份的時間，男人都喜歡在外頭打仗，忙著他的事業，男人想的是他的世界，不管從小玩玩具，或是長大了要去外頭打打殺殺，去打獵或是去創業，那種追求目標的意志很強烈。

不過，一般來說，男人要去打仗的時候，幾乎都是要跟女人吵架的時候。我們常看到的電影情節，警察要去辦案之前，大部份都會跟老婆吵架。可是男人沒有時間去理她，他一定要等到辦完案的時候，回來家裡，才有空去跟老婆說話，但這個時候老婆就

追愛

不見了，悲劇就發生了。事業心重的男人，不管他有多愛女人，他還是要去辦案，對不對？男人就是這樣。

你應該也看過黑道的電影，為什麼最後會很悲哀？他很愛你，可是他一定要跟他兄弟去外頭廝殺。女人跟他說：「你要是愛我，你就留在這邊啊！」「不行啊，那群兄弟都在等我，做人得講義氣！」回來之後，會發生什麼事？要不男主角死了，或是就直接死在案發現場回不來了，要不然就是女人不見了，對不對？不管是黑道白道，大家通通都一樣。

當然，也有男人是「不愛江山愛美人」的類型。但是，歷史上課不會特別強調這樣的男人最後到底怎麼樣？他後來是不是很開心？為了女人放棄江山的男人，大部份都有苦說不出，並沒有真的很快樂。因為男人不管到了哪裡，最後還是想要幹出一番事業，男人喜歡在他的世界裏發揮他的創意。

或許，他會跟女人在一起渡假、渡蜜月，就像車子去加油站一樣，有時候會稍微停久一點，但所有的男人，都不喜歡在一個領域停留很久。偏偏女人喜歡永遠沈溺在這種感覺裡頭，那就是不一樣的地方。女人可以跟你這樣天天都搞愛情，男人不行。如果不能夠克服跟了解這個問題的話，就會一直有衝突。

男人問：怎麼解決？女人問：什麼感覺？

大部分的男人在談戀愛時，只會說：「啊！很好。」

「這感覺很不錯。」

「很開心，很甜蜜。」

「喔，好！我愛你！」

男人覺得這樣就說完了，他不喜歡談太多的感覺。如果問他說：「什麼感覺？」通常得到的答案都會讓你很沮喪，像是：「沒感覺。」妳一定生氣的！女人又特別喜歡問：「那你有什麼感覺嘛？」

「你覺得怎樣？」

追愛

「你告訴我你的看法吧！」

男人對這種問法是很厭煩的！他覺得他所有該表達的都講完了，你要他再講，就沒了。他就親一下、牽牽手，然後可能逛公園，看看花、鳥、夕陽就夠了；可是女人就一直問「你覺得呢？」，「你再說啊？」男人沒話說，女人就說：「你一定是不愛我！」那完蛋了，就要開始吵架了。

女人在意的是很多細節，喜歡一直講「感覺」，男人腦子裡想的就是：「我要打仗！」唯一的感覺，就是他的快感。並不是說他完全沒有感覺，他可能三十年都在想著他的女人，雖然不能守在女人身邊，但他會覺得「我的心都屬於妳，我能給的全都給妳。」這樣對他來說，就足夠了。

所以，男人去買東西，他喜歡問：「有？沒有？」，「好？不好？」，「刷卡，還是付現？」就這樣！連什麼「便宜一點」這句話，他都覺得有點多餘，最多是問有沒有特價？「今天剛好有特價，喔～運氣很好！」這樣就夠了。你叫他再講，他會發瘋，他滿腦子就是趕快付錢，買到了，很好！要去打下一場仗，這一場他已經打完了。

第七章　男人想的，女人要的

女人不是這樣。「還有什麼貨色？」，「看一看，貨比三家不吃虧嘛！」，「這個能不能打折？」，「喔，那我再考慮考慮……」男人就要抓狂了！男人會問：「你不是說要買？」

「有啊，我在買啊！」

「這不就是妳要買的嗎？怎麼不買？」

女人說：「我想再去別家看看啦。」

男人會說：「就這個，買呀！我付錢，買這個買這個，我付錢啦！」妳愈要他逛久一點，他就愈瀕臨崩潰邊緣，這是男人跟女人很不一樣的地方。男人想的就是快啦、快啦，愈快愈好，趕快解決！女人要的就是我們再看看，我們再比比價，然後殺殺價，還要再去多看三間，然後還要再想三天，那個時候男人都不知道跑到哪裡去了，女人就覺得：「這該死的渾蛋，都沒有陪我。」

「我陪你去那麼久了，浪費我很多時間！」男人心裡這麼想，但他不見得敢講出來。

追愛

很多時候，男人跟女人出去是不得已，因為他想的是：「如果得罪她，要被碎碎唸兩小時……為了不要被轟炸，還是乖乖地去好了。」所以，男人大部份都乖乖的跟著逛街採購，或是做些他並沒有覺得很有興趣的事。

這也是許多兒子跟媽媽的戰爭。兒子一方面覺得他很愛媽媽，卻又很怕得罪媽媽，他一想到媽媽讓自己這麼難受，他就有點困惑。其實原因很簡單：因為兒子也是男人嘛！本來就是不夠了解女人，媽媽要買這個、買那個，兒子就只能坐在那邊，「喔，好，是……」媽媽就覺得很敷衍，「你是怎樣，跟你講了都沒在聽！」原因也很簡單：因為男人聽不了這麼久，他聽這麼久就會發瘋，開始分神了。

媽媽會唸，唸久了，兒子就變成烏龜不怕鐵鎚，他就坐在那邊給你敲，心情好的時候就多示意幾句，心情不好的時候像個呆瓜坐在那邊，等到神遊回來，也忍耐夠久了，就站起來說：「我要去上班（打仗）了！」

這時，媽媽就會很無奈地說：「你看，要買雞給你吃，給你吃……，你又……，」然後，她就一直塞東西給你，邊塞邊唸，兒子就只好一直吃，以為差不多了，東西又來了，只好繼續吃……，媽媽就說：「好不好吃，夠不夠吃，你都要講話啊！」

「什麼？你剛給我吃啥？我忘記了。」

男人，因為他要方便、要快速、怕麻煩的個性，不管身分是老公或兒子，都常會跟女人卡到。女人喜歡討論，喜歡講，喜歡問對方有什麼感覺，問你這隻雞跟上次那隻雞有什麼不同？今天的水果跟上次有什麼不一樣？今天煮的跟上次有什麼差別？是太鹹還是太淡？男人覺得回答這些問題實在是太麻煩了，除非他覺得很難吃，就會說：「太鹹了。」最多就這樣，然後就不想再講了，因為他認為已經講過了。

女人會繼續問：「太鹹嗎？」，「是不是你口味變了？」，「燒淡一點嗎？」問到男人想翻桌——除非他是當廚師的，那是他的專業，他就可以反過來表達到讓女人抓狂，就會換成女人受不了。

男人講究專業體面，女人講究變化細節

女人講的是情感，男人講的是理智，但不代表女人沒有理智，也不代表男人沒有情感，就是個別呈現的方式不同，卻也因為方式的不同，變成男人跟女人之間的戰爭。如果你能了解這個關鍵，愛情可以更順利，跟另一半不會有衝突。

譬如老公跟老婆約會，吃個中飯。老公已經在想，等一下回去上班會不會遲到？好像熱鍋的螞蟻，屁股就坐不住。老婆卻想，再一下下啦！不要走啦！再十分鐘啦……你是要跟我吃飯還是不要跟我吃飯？那個差別非常嚴重。如果不能了解的話，你每次都會覺得生活不是很順利，原本很開心的事就搞得非常不愉快。

女人拖到男人時間，男人就不高興，可是男人想要走，女人就變臉；所以女人常常很生氣男人辦完事就要走，她會覺得：「你利用我，我又不是洩慾的工具！」對男人來說，事情辦完了，應該去準備下一場，女人要很多的前戲、後戲等等，一大堆囉哩叭嗦的起承轉合，男人沒這個東西。

只要是男人，都想要所謂的「方便」。但是，你要把「方便」的定義給解釋出來，

什麼叫方便。

男人喜歡丟東西，當然，有少數男人也喜歡留東留西，但基本上，如果要整理東西，男人會清出一堆東西，全部給它扔出去最好。換成女人，卻什麼都想要留著，留到最後一大堆東西。女人很眷戀這些東西，非常地細緻講究，非常在意要討論，就跟講價一樣，女人就喜歡講來講去。

如果要賣東西，為什麼賣給男人會比較好？只要他喜歡，他覺得這個好，馬上付錢帶走。多買幾雙？沒問題。多少錢？砸下去。然後這個買賣就結束了。換成女人採購，得花很多時間，她不是不買，可是她要跟你講來講去、比來比去，然後一邊貨比三家，嫌你賣的貨沒有比上次好、品質有問題等等，講夠了之後她才會買，而且你當賣方的還得要陪她講。

有一種「女人殺手」封號的業務員，他很會跟女人抬槓，讓女人覺得這個東西真的像他講的那麼好，於是就跟他買了。如果你有本事這樣跟女人講話，你就可以賺到女人的錢；但是，如果你是那種想要很快速「砰、砰、砰」就搞定一切的個性，你就不適合賺女人的錢。

當然，作風很乾脆的女人，也是存在的。但是，絕大部份的女人都很重視感覺，也就是說，如果你能對得上這個女人的「感覺」，你就能做很多事，只要她高興了，那給她多一點，女人喜歡佔一些便宜。

至於男人，只要快速搞定就好，如果你要賣便當給男人，每次最好都同一個款式，只要品質保證，男人就會買單；至於女人呢，送杯湯、送兩片薑、加個話梅，稍微多給一點優惠、多給個袋子這種小細節，你若能滿足她，她就會喜歡來。

所以，你要先思考一件事：你要賺誰的錢？你要知道你的對象是誰，生意該怎麼做？

如果你開餐廳，女人會喜歡店家多給一點香菜、多一點醋、多一點胡椒，那你如果多撒一點佐料，她就會常來你這家店，因為她喜歡這種被服務的感覺。男人就不會要求這麼多的細節，而且男人喜歡一次搞定，這次沒有就算了，因為他連再想一下都覺得很麻煩！若是他對這個食物覺得沒什麼味道，稍微再鹹一點就可以了。如果他覺得好吃，那以後就是這一家了，他以後都會跑一樣的店，點一樣的菜色，所以男人大部份都吃同樣的東西。他不會一直去研究菜單，反正之前點過那道菜好吃，同樣的菜點一點就行了。那女人呢，就算知道菜單，還是要拿來再看一次。

我跟我爸爸出去吃飯，他吃的菜色，就是我讀小學的時候他在吃的東西。他現在已經八十幾歲了，還是吃一樣的菜，男人就是這樣。男人穿的衣服、鞋子、領帶、帽子，不太需要變化，所以「流行」大部分都是以女人為主的東西，女人喜歡變來變去，其實男人沒那麼在意。

但是，當流行變成他的專業時，又不一樣了。Fashion是男人在創造的。所謂的設計大師，大多數都是男人，他們設計的東西給女人穿，所以，要比專業程度，通常男人會比較專業。但是，平常是女人喜歡這些細節的東西，男人要出門了，快一點就好，穿什麼不太重要；女人光是化粧就得搞個老半天，男人只好等啊。其實，對男人來說，可能妳的耳環只戴一個，他都不太在意。他不管那些小細節，他會覺得妳快一點就好，趕快出門比較重要。

當然，他不是不喜歡妳漂亮，也不是想要妳很隨便。男人不喜歡的，是妳要搞那些對他來說很不必要的細節——挑一雙鞋子，就可以搞十幾分鐘！男人可以每天穿同樣一雙鞋子，哪天換了新鞋，他是搞不太清楚的。對他來說，可能大不了只是顏色的差別，但像多一條帶子或裝飾，女人就覺得差別很大，男人會認為哪有差，不是都穿同一款嗎？所以，重視細節的部分，是女人的興趣。有意思的是，若把設計變成一門專業，就會變成男人比較有興趣。

如果是專業領域，像是在設計衣服，男人就會變得很厲害，多一吋、少一吋、鑲兩個片子或多一個釦子，他都可以抓得非常精準，因為這是他的專業。可是以生活上來說，只要那些範圍不是他的專業，大部份的男人都不太在意。

做為一個女人，以兩性的角度來看，你必須了解自己男人的專業在哪裏，然後妳必須能夠配合，用他能夠明白的專業跟他溝通，男人就會很喜歡妳，這就叫「上道」。如果你的男人是混黑道的，妳要懂得用他習慣的那種方式跟他對話，他就覺得妳很上道。要是妳在那邊囉囉嗦嗦的，他可能直接賞妳一巴掌，不上道，踩到他的地雷。妳要知道妳的男人是幹什麼的，要在乎對方的專業，才能討男人的歡心。

其次，妳要知道妳的男人是哪一種類型——快速型呢？感情型的？他在意什麼？不在意什麼？妳的溝通要合他的頻率，男人就會很高興。他在趕忙的時候，就對他說：「好，快去吧！」千萬不要找理由留他。他就會覺得：「哇～我這個女人，真的很挺我。」其實有沒有挺他？不一定，但把他踢走就對了。他就會認為妳很挺他，因為他那時候不想跟妳囉嗦了。

聰明的女人，在這個時間點，就讓他趕快走；他想快的時候，妳就幫他加速，他就會很開心。若是他想要跟你很有情感，等他回到加油站的時候，你對他的服務好一點，他就會覺得備受尊寵。就像車子回到加油站了，妳給他擦擦玻璃，洗掉灰塵，油加到滿，順便打個氣……，接下來，就是男人給小費的時候。男人大都很大方，不會在這種東西上計較，除非他真的窮到給不出來！

男人在給小費的時候，像美金每張超鈔票都很像，男人不太在乎付五塊還是十塊，一塊、五塊、十塊，都一樣。給一張，不然給兩張也行！男人不太在意這種東西，不

追愛

像女人斤斤計較，「啊！小費怎麼給那麼多？」對男人來說，小費給就給了，多少沒關係，心情爽就好。

大部分的男人都很愛面子。男人愛的面子，是在做事方面。他覺得妳很囉嗦，就是讓他沒面子，男人的感覺是這樣。「怎麼那麼囉嗦，多丟臉啊！」可是，女人的丟臉不是這樣。女人心裡想的丟臉是：「你衣服沒有穿好！」

「你沒有給我好臉色？」

「你為什麼不服務我，讓我覺得很體面？」

完全是不一樣的角度。可能有人會問：懂這個，有什麼好處？

我很喜歡研究這些差異，所以不管男女老少，我都可以讓他很開心，我一看就知道對方喜歡哪一種對待方式。生活裡有這個能力，讓你無往不利。如果沒這麼點耐心，等一下岳母討厭你，那麻煩可大了。男人為什麼對岳母很頭痛？因為岳母愛跟女婿搞這些事情，所以大部份男人很怕岳母，最好是不要見面。那麼，你要懂得怎麼跟她互動，應該把這件事當成生意來看，拿出你的專業，你就跟她講幾句，讓她覺得開心。

男人喜歡獨立空間，女人喜歡共享空間

人生就是這樣，除非你完全不跟人往來，需要的時候你一定要會，要不然後面會很麻煩，問題會一大坨。可是，當你懂得人與人之間的相處之道，你就會知道該如何應對進退。

但是，在選老婆的時候，你就要選跟你這樣性格會合的，否則你會發瘋！她每次跟你搞到這些問題的時候，你就會很不舒服。然後，你要懂得訓練彼此，要很誠實地講出你喜歡怎樣，你想要怎樣。

女人跟男人之間，要有一點點的妥協，否則的話，就會成為婚姻上的問題。像是女人很不獨立，很多男人就會臭臉——老婆下班要求老公來接人，老公來是會來，不過從頭到尾臉都很臭，因為他心裡並不想要這樣。這種時候，當老婆的人就要學會獨立，怎樣去把自己的空間、時間妥善規劃好。

男人很需要自己的空間，女人要了解這一點。但是，女人是很喜歡侵犯別人空間的人。這就是差異。如果女人跟男人一人一間辦公室，女人常常會去管男人的空間指指點

點，但男人的世界不喜歡這樣，他有他的空間，他喜歡亂糟糟，就讓他亂糟糟，不要特別去幫他整理，他覺得不舒服。

男人喜歡有空間，你睡你的，我睡我的，現在要睡覺了，各自管各自的空間。那男人什麼時候會侵犯女人？就他想要做愛的時候，就是車子進加油站加油的時間。他一旦侵犯完畢，就自己回去他自己的空間。

可是，女人是無時無刻侵犯別人空間的，她會一直黏過去——因為你不黏她嘛，她覺得有空間就會再前進一點，男人就再退一點，因為他需要空間，覺得太靠近了，就會往後退一點，女人覺得空間太大了，又會黏過來，那你再退一點，她又黏過來，女人就是要跟你「黏」嘛。睡同一張床，她明明有自己的位置，還是要一直擠過來。

男人跟她說：「喂喂喂，沒位置了！」她還是一直擠，最後男人就被擠到滾下床去，搞不好連棉被都被搶走了。床再大也沒有用，最後男人一定睡在邊邊。

譬如一件很簡單的小事情：男人要睡覺，女人不能吵他。可是有一種女人，她就是可以吵你睡覺，吵到男人頭痛，男人打呼了，她還把男人叫醒。

「話還沒講完啦，你剛剛怎樣……」

男人會覺得：「○○××，妳是要睡還是不要睡？」

男人若要睡了，就給他空間，就不要再理他了。等他醒來了，自然就會找妳玩。妳若是不讓他睡，男人很孩子氣，他不高興臉就很臭，可以氣個三天。這個戰爭是源自很細微的事情。

所以，很多時候，人家不太知道夫妻之間為什麼吵架？因為它就是這麼細微，然後就可以搞到不爽。可是回想起來，有什麼大不了的？比如不讓他睡覺、把他的東西吃掉，牙膏擠太多，或是多放一根蔥之類的那種小細節，有什麼嚴重的事嗎？怎麼可以弄得這麼不愉快？

男人生氣的時候很好笑。他可以氣很久，而且他的臉色很難看，不容易討好。女孩子生氣了，你只要跟她說：「好啦，妳很漂亮啦」、「妳最可愛了，我還是好愛妳喔！」女孩子就好了，很好騙的。但男孩子就不好騙，一旦生氣了，就是會搞很久。

所以，做女人的，不要去侵犯男人的空間，不管他在思考的時間也是他的空間，或是他用的東西、他處理的方法，文件的擺放等等，那都是男人的空間。女人要懂得尊重男人，他的空間讓他覺得快樂。如果一個女人要撐男人，就給他自己的空間。

第八章

交往之路

同時只跟一個人交往，划算嗎？

這是經濟學還是算數的問題？一次只投資一個股，划不划算？當然啦，不划算，那你想多買幾支股票，也要看你有沒有這個本事。電影裡的葉問，一次可以打十個，你有本事，同時可以交往十個，要是差了點，同時可以交三個。能應付幾個，當然就看你個人的本領。

我個人是覺得，如果沒有什麼特別的約束，也沒有什麼特別的認真，那當然多交往幾個是最好的。有本事的話，就交往二十個吧，選擇比較多，同時交越多個越好——但那個時間點，是十三到十七歲。到後來，當你愛上了對方，就不是划算不划算的問題了，這個時候，是「決生死」的關鍵。

決生死，有什麼好划算不划算的？死了，你也沒達到目標，你一輩子也都這樣。有很多花花公子一輩子都交往很多個，那當然，他的感情就永遠不會有固定的歸宿，因為他覺得這樣很「划算」。到最後一個都沒有了，到底划不划算？就看你怎麼「算」囉！

當你年輕的時候，當然是交往比較多個比較好。然而，當你跟一個人認真了之後，如果對方認定你跟他正式交往，你們已經是男女朋友了。那你想想，要是你還跟別人在一起，是不是很容易吵架？是不是很容易心碎？是不是很多人就會被潑硫酸？是不是很多狀況，搞得很難看？尤其，當兩人在同一個團隊裡面，是不是就吵起來了？像爭風吃醋這種事情，絕對會經常發生的。

另外一個考驗，就是忠誠度的問題。如果女朋友發現你還有另外兩個曖昧的對象，約會的時候，竟然還偷偷摸摸的跟另一個女生講手機，那怎麼辦？現在是該怎麼樣？當作沒這回事情嗎？

所以，這問題應該是這樣：在認識、選擇對象的時候，是越多個越好，最好是一次二十個，整個同班同學都有機會，或者是整個學校、整個社團之類的，你都要認識。但是，對於所謂的「交往」，你要深入到什麼程度？如果只是認識，大家都是朋友，絕對沒問題。一旦那個人跟了你，你們兩個人約定了要交往，意思就是論及婚嫁了，或者是定情了，在這個時間點上你還在想「划不划算」，那我看你根本是找死了！不管你是男人還是女人，如果你的另一半對你很專情，心中只有你一個，他看到你今天跟一個

追愛

不認識的人出去吃飯，明天又跟某個人牽著手看電影，後天又跟那個人去約會，甚至摟摟抱抱，還有什麼心情談什麼未來呢？我看根本是不要命了，還問划不划算？就算很划算，又有什麼用呢？等一下女朋友跟人家跑了，你想愛的另一個人，也跟別人走了。你要問問自己：這樣的結果到底划不划算。

愛情，真正專心的時候，只能一對一，這是沒得選的。

談情說愛的理由

兩個人在一起的時候，你應該把精神放在好玩的地方，放在你覺得有趣的地方。然而，每個人感到有趣的地方，都不太一樣。

有的人談情說愛，是想要找一個自己可以仰慕的人。

有人會說：「想找一個人，可以跟自己棋逢敵手。」可以不斷碰撞，才覺得好玩。

有些人會說：「有一個人可以被我捉弄！」有一個人可以捉弄，目的是什麼？

有人則是說：「可以毫無保留地愛著他。」這也是很有趣的一件事情啊！

也有人說：「可以有一個人一直陪著我。」從這些話聽來，我就可以知道他的感情會變得怎樣，結了婚之後又會變成怎樣，八九不離十。

你如果很喜歡去仰慕一個人，以愛情來說，是一件很不錯的事。但是，當你不再仰慕對方的時候，不就是問題嗎？

有人講到「棋逢敵手」，要找到一個可以和你互砍、和你打架的，一路打到懸崖，所有人看到眼花撩亂，誰也不認輸，這樣也是一種樂趣呀。

至於說，想要的是人家陪的，問題可就大了。你跟對方在一起的目的，只是要他陪你，要是他沒有想要你陪他，那問題就來了，你一定很不快樂。

要是你說要找一個人來捉弄，你找的那個人就要承受地住你這樣捉弄他，對吧？要不然的話，你捉弄他，他不高興就一哭二鬧三上吊，要不然就是他可能也想要捉弄你，兩個人就搞來搞去。這也沒有什麼對錯，重點是你找的那個對象得要願意跟你這樣玩，而且他也要喜歡。

要玩在一起的話，兩個人都要一樣覺得好玩才可以繼續下去，要不然，會有一方很痛苦。如果玩的是正面的事就無所謂，可是，有些玩是負面的，像那種要人家陪就是負面的，一定會出事——為什麼？因為有人不獨立。

婚姻關係裡最可怕的，就是有人不獨立。你如果不獨立，便會造成另外一個人的痛苦。因為你就像跛腳，等於是殘廢，得要找人幫你推輪椅。偶爾推還可以，要是一三五、二四六這樣推，平常也不必工作了，沒有人受得了。

要是你說你要人陪，就等於是需要人家推輪椅，誰要幫你推？就只能請傭人啊！所有需要人家推輪椅的人，最後別人就只好請人來陪你。

「關心」與「擔心」的差別

你得搞清楚一件事：擔心，跟關心並不一樣！如果展現出來的是關心，對方不會不舒服。可是，如果是擔心，就會招人討厭。如果有一個人，整天都在擔心他的另一半，他的感情差不多就完蛋了——誰會希望有人一直擔心你？

一個有被老婆關心的老公，他一定會覺得很舒服。換個角度來看，如果老婆很擔心老公，就會碎碎唸，而且被擔心的人不會舒服。你一直擔心，另一方不希望讓你擔心，你就會變成碎碎唸，因為你想要講的事情會一直重覆，就會讓人覺得很嘮叨！

另外一個問題：擔心裡頭，有太多的評估與貶低。你要嘛就是評估貶低對方，不然就是評估貶低自己。會擔心，表示你自己放心不下。所以，「擔心」是你的問題，你把自己的壓力加諸給對方。要不然，就是你評估貶低他，因為你一直認為他有問題，他要嘛就是不獨立，要嘛就是笨，要嘛就是沒有能力之類的，要不然為什麼你要擔心他？這當中就出問題了。

解決方法很簡單：你自己必須進步成長。當你的情緒高昂時，什麼都是好玩的，情緒低落的時候，出去看到什麼都是危險的，這就是一個很簡單的差別。小孩子要出門了，他一定很高興。換成阿媽要出門？「很危險喔！不要去了啦！」如果你每次出門都想到危險，那很慘吧！滑雪很危險，游泳也很危險，逛街也很危險，有很多人的地方很危險，人煙稀少的地方也很危險；坐地鐵很危險，坐飛機也很危險，坐船更危險，反正沒什麼好事會發生。要是當你情緒很高昂的時候，你會想，出去不管遇到什麼都很好玩，就算看到海嘯、火山爆發，或是遇到外星人都不算什麼！這當中的差別，就在於你的情緒。

請記得一件事情，你來進步成長的目的，是為了改變你的情緒，所有的問題能不能被解決，關鍵就是這個東西。

情緒夠高，就不會擔心跟另一個人沒話講或是沒辦法創造，就算講廢話都很好玩！當你很高興的時候，不必特別講什麼，兩個人沒事幹，洗完澡就踮著腳尖走路，然後互撞肚皮，只有這樣就可以玩很久，然後兩個人精疲力竭、喘得要死，兩個人只是撞肚子都可以很開心！

那你說，這樣要幹嘛？這就是兩個人之間有趣的地方，就是三三八八，沒有什麼限制，也不會覺得難為情，兩個人就是很好玩。你要想，你要怎樣跟另一半玩，或是你怎麼跟他玩，你把他找來玩就好。你不要想說他為什麼不跟你玩，幹嘛幹嘛的理由，他只是跟你的玩法不一樣，絕對沒有那種不要玩的。

特別是夫妻之間的關係，好玩之處就在這裡。夫妻就是兩個沒有長大的小孩，你五歲，我也是五歲，有時候我變成三歲，會吵架一下，就是沒長大。那為什麼會很舒服？就因為兩個人都還是小孩子，可以撒嬌，可以亂亂講，可以不講理，可以莫名其妙，就像小孩子可以跟你玩，可以很好笑，沒有什麼拘束。「長不大」的那種感覺是一個很大的樂趣。長大了，一切東西都很規矩，沒什麼樂趣，可是回家為什麼很有樂趣？就是回到那種「沒長大」的感覺啊！

我有一個朋友，她已經長很大了，四十歲才結婚。她先生有一個房間，裡面就是他從小到大喜歡的玩具，一個房間都是，不准她亂動，然後他先生會進去那個房間玩，有時候她也可以跟他一起進去玩，可是就是很好玩。這個例子的意思是，有一些長大以後沒有的童真，其實你應該要保留，那種沒有長大、什麼都可以玩的感覺很好玩。為什麼我們喜歡跟小孩在一起？其實也是希望能那麼小，不要長大。你就是要保持那個好玩的心，如果兩個人在一起，這樣就夠了。

不獨立，會造成什麼問題？

兩個人在一起，需要兩個都是獨立的個體，才會快樂。只要有一方不獨立，另一半就會因為他的不獨立，常常也跟著跛腳，就是兩人三腳，怕他跌倒，就得扶著走，走著走著，他跌倒又得要扶，叫他走快一點，他就跌倒，跌倒就算了，還很愛哭，然後就說：「乾脆你抱我走吧！」抱他走一陣子，換他自己走，跌倒又開始罵你。你會什麼感覺？

那都是不獨立造成的問題。有時候，幫忙扶著人走路的那一方會發脾氣，因為他被逼急了，兩人三腳又跑不掉，又累又慘，又不能丟下你，又不能停下來，是不是很尷尬？臉色當然不會很好看。如果你能正常跑，不就沒事嗎？

要是我們兩個人一起騎腳踏車，你騎你的，我騎我的，不是很快樂？最多是你慢一點，我加速一下就追上了。若是我一下要幫你修車，一下要我要幫你扛車，等一下你又要我載你、然後輪胎又壞掉……那這個人是不是很難快樂？這些問題都來自「不獨立」。

你現在開始就想：「那麼，我怎麼照顧另一半？」這是你自己的問題，因為他並沒有要你照顧的需求。你為了照顧對方，就弄得別人雞飛狗跳，等一下還要罵人家，搞到後來就生氣了，做一些很奇怪的動作，這不就變成扣分嗎？那還不如不要照顧。

其實，這是你自己的過度擔心的問題，反過來造成對方的問題。兩個人本來沒問題，可是一個為了要照顧他，為了擔心他，又不知道怎樣才能不要擔心。這是個人的問題，他不管跟誰在一起，最後都會出事。一直要順從人家的人，不負責。一直亂要求人家的人，也是不負責。一直不順從人家的人，不負責。一直要跟人家吵架的，也不負責。這些過與不及，都會是愛情裡的問題。

每個人一定要進步成長，就是這個道理。不要一天到晚想去改變對方，不要完全不讓別人講你的缺點，這些都會刺激到你。他本來就很快樂，是你來關心他，他才變得不快樂；那你一開始擔心他，他就覺得，那這樣子該怎麼辦？乍看之下，他似乎很有問題，實際上，那是源自於你自己的問題，是你把擔心的問題丟給他，才讓他變成這樣。

讓你們聽個故事。我媽媽跟我爸爸，結婚超過了六十年，都鑽石婚了，還在吵什麼？我媽嫌我爸不洗碗。這有建設性嗎？我爸就為了這件事情，還是可以再離家出走。這就很有趣——妳為什麼一定要叫他洗碗呢？妳的男人去洗碗，對妳到底有什麼好處？一定要他去洗衣服，目的是什麼？

「我不甘願啊！為什麼我做比較多？」結婚是為了爭誰做多少的嗎？

「啊，我做到死喔？」你不必做死啊！可是有很多地方你可以多擔待，你就做，有些地方你需要幫忙，你想辦法嘛！相反的，也有很多地方，你希望他可以幫忙，你就得要很誠實地告訴對方，希望他怎樣做，可以讓自己快樂？

如果我是他女朋友，我就會跟他說：「你要怎樣做，我就會快樂。」就讓他有一個可以努力的方向，畢竟兩個人是互相的，他也要為我的快樂負責。

如果有人說：「你買一棟一億的豪宅給我，我就會快樂！」這一聽就知道，一定是假的！你以為房子買給她，她才願意嫁你？就算房子給了她十棟，人還是會跑掉，所以那個是假的！

但是，如果她跟你說：「你好好地把你的工作做好，我就會快樂！」

「如果你願意跟我一起吃晚飯，我就會快樂。」

「你願意跟我講鼓勵的話，我就會快樂。」

那你是不是想辦法做？這樣就是良性的互動，對彼此都好，因為他會進步，他會想辦法讓你開心，當他能做到的時候，你真的會很感動，真的會很快樂。

如果你們兩個人都沒有去想過如何能讓彼此很快樂，表示你們並不誠實，而且對方也不知道你怎樣會快樂——在一起這麼久，你竟然都不知道你該怎樣做，他才會快樂嗎？或是他該怎樣做，你才會快樂？那你們在一起這麼久，不是很浪費時間？

你很開心，他就會開心

如果你很開心，你女朋友還是一直譙你，表示她不愛你呀！那就跟她說：「我如果跟妳分手，妳會更開心！」放愛一條生路。

你很快樂，他一定開心，他很快樂，你一定開心。可是，如果他不快樂，就影響到你的快樂度。為什麼我們一定自己要快樂？因為要讓對方開心。有些女人就面目可憎，不然就是不會笑，都不講話，就知道對方不會開心，你讓對方不開心，就會出問題。你自己必須很快樂，這是一個很有必要努力的項目。

第二個，你要怎樣才能讓他開心？除了你很快樂之外，要怎樣討對方開心？做一個他會高興的事情，就是其中一個。你去給他簡單的親親抱抱，他就會很高興，就這麼簡單。哪有一個男人，妳過來給他親親抱抱，他會很討厭的？不可能嘛，所以老婆過來撒嬌一下，親親抱抱，每個男人都很開心。

妳自己開心這件事，是感情立於不敗之地的基本功。就算他罵你，你還是可以很開心，他就不會罵你。可是，當對方罵你，你就開始哭，他一定會加油添醋，又被罵。所以，如果對方罵你，你還是可以很開心，他幾乎很難再罵下去的。這很有趣！你只要很開心地說：「好吧！那再讓你罵一罵，你會不會更開心？我好開心喔，你繼續罵好了。」他就罵不下去了！

很多老婆常做錯的地方，就是老公已經很不高興了，然後妳就開始哭起來了，這不就更慘？本來只是兩個人在吵架，偶爾吵架一下沒什麼嘛！可是當妳開始哭起來，男人就開始火冒三丈，他就開始幹譙妳，妳就覺得雪上加霜，「我都哭了，還要被人家這樣幹譙……」為什麼？因為你的情緒不對呀！如果老婆能這樣接話：「老公，我懂了，我知道你現在在講什麼！」他可能就好了，對不對？

所以，有很多發生衝突的時候，只要你表現很開心，然後再來親親抱抱，就能化解掉了。但也不是每次對方要罵你的時候，你就趕快去給他親親抱抱，那也不對！你應該平常就得好好跟他講話，總是照顧他，跟他卿卿我我，然後在適當的時間點上，你的開心就會是一帖良藥。這帖藥要發生療效，還得仰賴平常互動的基本功夠不夠紮實。

要怎麼知道自己溝通上有什麼樣的問題？

其實很簡單，看對方的臉就知道了。你不要想這當中有什麼對錯跟好壞。溝通的目的，只為了彼此的瞭解跟舒服，論「對錯」是沒用的，就算我講的全是對的，可能你還是不喜歡，聽不進去，也是沒用的。

那麼，怎樣才是講對？就是有沒有能力讓你「舒服」。有些人，你跟他講話，覺得滿爽的，就算很三八也無所謂，溝通裡有一個必要條件：樂趣！有趣就算一個好的結果。講什麼不是很重要，平常跟這個人在一起，只要覺得很舒服，他常常很三八也沒什麼關係！

有些女孩子，糊里糊塗、三八三八的，可是男孩子很喜歡，因為跟他在一起沒壓力，挺舒服的。她不一定要貌如天仙，或是多麼冰雪聰明，最重要的是那個人跟你在一起，舒不舒服的感覺。

最糟糕的，就是那個人條件很好，卻讓你感覺很討厭、不舒服。一個男孩子，穿得西裝筆挺，什麼事情都很完美，可是你跟他在一起就是不舒服，那你要還是不要？當然不要！因為那個感覺就是不舒服。有的時候，你看到一個美女，他什麼都很好，可是你跟他在一起，就有種不自在的感覺，那就不行！

讓人感覺自在，其實很不容易。這跟你的自信很有關係。我可以讓一個人舒服，我不管去哪個國家，哪個地方，哪個場合，不管是哪種陌生人，我都可以很自在。有的時候，我講話很三八，我送禮會說：「巴結你一下啦！」對方也滿開心的，就是我的個人風格。其實，「對錯」真的不太重要。有的人欣賞你的能力，但不喜歡你的個性。比較重要的是，你有沒有把握可以讓對方舒服。

問題要如何精確對焦？

愛情跟人生，有很多問題的答案，並不是你所想像的那樣，回答不了。我身為一員專業的顧問，也研究了很久，這當中到底發生什麼事情，很多人都會來問問題，他要找答案，但他的人生卻一直無法改變，然而，他還是一直有問題。即使一直回答他提出來的問題，最後他還是不能滿意，不滿意之後，他會陷入很多的迷思，一直在那邊打轉，沒有辦法走出來。

其實，事情並沒有絕對的答案，也就是說，雖然我回答你了，或者我告訴你答案，

那你可能也不滿足，或者那個答案並沒有辦法回到你本質上面的問題——意思就是，當你沒有足夠的基本功時，那個問題是沒有辦法回答的，是無解的。

你會看到本書裡頭有很多的問題，原則上是這樣講，但事實上並沒有絕對的答案，因為有沒有解，完全是因人而異。世界上永遠沒有兩個一樣的人，沒有絕對的女人，也沒有絕對的男人。有很多時候，男人像女人，女人像男人，所以如果你只是說男人怎樣、女人怎樣，這是很難捉摸的。所以，要很客觀地去回答這些問題，尤其是跟愛情相關的問題，其實是非常困難的。

學習把問題問地很「精確」，是生活中非常重要的能力。我常一再地強調「精確」這兩個字，到底是甚麼意思？人跟人在一起的溝通，尤其是夫妻或是男女關係，只要不夠精確，不夠「對焦」，讓話被堵到，就會產生很多不愉快。

一般人都會認為說：「我講這樣，就是這樣了。」然後就結束了，其實不對。你講這樣，但他解讀是這樣，然後他回去就很生氣，覺得你不愛他，你也覺得他不愛你。很奇怪的，其實落差就只是在那一點點，非常非常小的細節，就足以讓你想要離婚。可不可怕？

有時候，你看到一個人在笑，可是當你不高興的時候，看到他笑，就是不高興啊。所以，有時候男人會莫名其妙，他搞不動為什麼女人會生氣。那女人氣得要死，就說：「你怎麼這樣？」男生會覺得：「我怎樣了？」這就是不對焦。

為什麼這樣、為什麼那樣、怎麼不這樣、怎麼不那樣……表示甚麼？表示裡頭有一個標準在。這個標準，是對方心中的那張王牌。你若沒對到他的焦，你笑也不是，哭也不是。他想要你這樣。當你的表現符合他的標準，他就會說：「你好棒喔，你好愛我喔！」可是，當你沒有表現出這樣的時候，他就說：「就這樣？你的回應就只是笑一笑而已？」然後，笑一笑竟然變成一件罪過的事情。

舉一個我自己的例子。我跟我先生在結婚之前，進行第一次的約會，我給他開了一場私人音樂會。對我來說，這是多麼地慎重，觀眾只有他一個人，我為他演奏我最喜歡的曲子。我在邀請函上，寫了我要演奏的曲子，作者是誰，曲目是什麼，費盡心思。我自己想了老半天，心裡幻想著這樣多美。我心想，他會穿西裝打領帶，帶一束玫瑰花或是一瓶酒……我愈想愈開心，自己也盛裝打扮，穿得很漂亮。

那一天終於到了。我的心跳愈來愈快，等著他來到的那一刻，「叮咚！」門鈴一響，我既緊張又興奮地跑去開門。門一打開，他穿一件毛衣搭夾克，手上沒有花，穿得很隨便。

「喔……好吧，進來進來。」

其實跟心裡的落差很大。但也沒辦法，是第一次約會，誰知道會發生什麼事？好吧，先坐下來彈再說。我很認真的彈起古典音樂，非常地專心。演奏到一半，沒想到，他突然站起來了！

「咦？我在彈鋼琴，你怎麼突然站起來了？」

他走到我旁邊坐了下來，哇！這下叫我怎麼彈哪？彈到一半，他竟然跑來跟我講話。當下我就覺得，糟了，我整個節目的節奏都亂了。我在彈奏，你跑過來幹嘛？最後，我忍住我心中的火氣，不管怎樣，總是要把曲子彈完吧？彈完之後，又該怎麼辦？總不能站起來敬禮，他就坐在我旁邊呢。

第八章　交往之路

這樣的狀況，跟我原先所想的完全都不一樣。因為我想像的是：我演奏完了，然後他會拍手，然後我起身跟他鞠個躬……多麼的甜蜜，太完美了。實際上根本不是這樣，他坐在我旁邊，然後問：「你彈的這曲子是什麼？」

「我邀請你的時候，寫得很清楚，蕭邦！你沒看嗎？」

「喔。」

然後，我該怎麼辦？怎麼辦？

你看，這是一個非常有趣的情況。他沒帶花也就算了吧，還穿得這樣隨便。我在演奏時，他竟然還走來走去。我正在想：「這傢伙到底怎麼回事啊？」當下覺得很倒胃口，覺得他怎麼這麼沒水準。最後曲子彈完了，那總不能很生氣吧？因為我實在太喜歡他了。那彈完了該怎麼辦？只好約他出去散散步吧。

然後，我就問他：「剛剛我彈鋼琴的時候，你為什麼要站起來？」

他說：「站起來走一走啊，沒怎樣。」他接著說：「要這麼嚴肅嗎？輕鬆一點嘛，坐到旁邊來，哈哈哈。」我心想：這位先生，你有沒有搞清楚狀況啊？

追愛

後來，我就問他說：「你沒去聽過音樂會？」

他說：「沒有，我活到現在都沒去聽過音樂會。」

原來如此。如果當時我要生氣，那也有很多好讓我發脾氣的理由。可是，如果我能不生氣，其實結果也沒怎樣。可是，一般人很難不去預設立場。

像女人，在約會之前就很喜歡想著：今天的燭光晚餐，要怎樣才是羅曼蒂克，所以男人就很容易被貼標籤。多數的男人都呆呆的，因為他們腦袋裡想的不是這個。除非他在約會經驗上很老道，催花手最厲害，他知道怎麼設計，會把女人哄到很開心，但那些幾乎都是假的，因為他知道怎樣討好妳。有的男人，每天送玫瑰到妳辦公室，每天可以收到他的卡片。那這樣，是不是真的就比較開心？這樣是不是真的就有誠意？很難說。

女人常會想：我今天穿什麼衣服、我今天要看哪一場電影、要吃甚麼大餐，去的時候要怎樣怎樣……她還沒想完，那男人已經吃完了，他已經站起來要準備買單。女人就想：我那麼精心打扮，你不是應該要注意一下才對？沒想到他連看都沒有看，還問：「喂，你要幹嘛？」

女人心裡會想：「你沒有看到我穿這樣子嗎？你不覺得今天有什麼特別嗎？」

要是真的被問了，男人會說：「你每天都很美啊！」「從我認識妳以來，都很漂亮啊。」

「可是，我今天特別穿這件新衣服……」

女人就會這樣。她有很多的這種細膩的想法，希望你應該這樣、應該那樣，很多這樣的想法。這是從小媽媽教我們的，「你這個鞋子怎麼這樣穿？」

「你的頭髮怎麼這樣綁？」

「你這個書怎麼弄得亂七八糟？」

「你的碗怎麼都不收好？」

媽媽是不是比較會這樣？女人就是這樣。當然也不是全部的人都這樣，也有些男人非常龜毛的。有的男人比較娘，女人較man，那也沒關係，也很合啊。這不是重點。重點是，每一對情侶要去發展自己的文化，就好比自己的國家自己制定法律，不要去學別人。如果你是印度人，文化是要把臉圍起來，就圍起來別讓人瞧見。美國人比較開放，

追愛

穿迷你裙、不穿胸罩。沒有規定說一定要包起來，或是一定要露給人家看，就是你們兩個自己規定，屬於自己的文化，自己的習慣。

第九章

相愛的品格

「寵」與「愛」的差別

我們常聽到一個問題是：什麼叫寵？什麼叫愛？什麼叫寵小孩？那什麼叫愛小孩？什麼又叫寵女朋友？

愛呢，就是你支持他，你對他好，你給他幫助。你了解他，你陪他，你跟他講話，你跟他解決問題，這就是愛。

至於寵，就是當一個人不理性的時候，你還允許他這樣。如果你的女朋友一直吵著說：「我要買這個包包！我就是要買！」這時候是理性還是不理性？好，就為了不想要繼續吵，買一個包給她吧——有沒有寵？

再舉一個例子。現在這麼晚了，該睡覺了。「我不要睡，我不要睡！」於是，他就去打電動了，那你要怎樣處理呢？

「好啦！隨你！」

這就是寵。當你不去控制他應該有的生活紀律，就是寵。當你看到他做的事情是不對的，你縱容他這樣下去，或是睜一隻眼、閉一隻眼，讓他這樣下去，就是寵！

你寵久了，馬上就完蛋了。如果小孩一哭就抱他，那如果沒人抱呢？你一直抱，就等於是教育他要一直哭。如果他一直哭，你不抱他，他後面就不哭了，後面就好了，他會知道不可以這樣！

只要你明白什麼是愛，什麼是寵，就永遠不會把愛跟寵搞困惑，是非不明。這當中的是非對錯很清楚，就跟考試一樣，是非題的答案是圈，然後他選叉，沒有說那個題目可以選圈也可以選叉，這種機率相當低。要是你每天在吵著這個可以選圈又可以選叉，那到底該怎麼做？

舉例來說，假設，你覺得吃炸雞對身體很不好，偏偏你女朋友很愛吃，這種問題該怎麼解決？很簡單，你就跟他討論，畫出一個兩邊都能同意的底線。像我們公司的職員不可以隨便喝可樂，可是當老闆請吃飯的時候，就可以隨便喝，這就是規矩。如果今天有派對，偶爾喝，那沒有問題。但是，如果你天天開派對，天天喝可樂，遲早會死的！要是你真的那麼愛吃，我們兩個人就來約定嘛！你到底什麼時候可以吃，一年最多吃幾次，就是要照這個規則。設了這個規則之後，沒幾次他就自己不吃了。

如果另一半不斷地挑戰底線，該怎麼辦呢？那就是要繼續開會了。底線設了，如果每天都還是遭到攻擊跟挑戰，那就好比國境一直被侵犯，你的國界一直縮小，最後能怎麼辦？動用武力？天天打仗，你覺得這樣好嗎？

這就是你要進步成長的空間。你要把一個人治療到不會天天發神經，就好比說，我控制不了脾氣就要家暴，家暴可以容忍幾次？這就沒得講了。如果你說：「我喜歡打麻將！」那你一年打幾次？多少限額？兩個人要講清楚。要是超過這個約定的限度，就是要鬧家庭革命——我跟一個每天都去打麻將的人在一起，要幹什麼？沒有什麼話好說的！不然，就是有人被壓抑，可能一直看著對方喝酒，或是一直看他跑去賭博，或是一直看著他打針吃藥。

這個底線就要抓緊，你就是要提醒對方不要隨便越過那個底線，你要保住你的底線，底線守不住了，就差不多要分手了！

怎樣去糾正對方的缺點？

兩個人之所以會有這麼多的問題，是因為你太在意那個人的缺點，這是一個很不舒服的事情。譬如說，你很喜歡去改你老婆的問題，講她的缺點，一定要教她該怎麼做，怎麼做才是對的、怎麼做是錯的，這是愛情的殺手！因為愛情裡面沒這東西，沒這種道理。

當你心中有一種望夫成龍、望妻成鳳的念頭，好像要把對方塑造成世界冠軍，你得先想想：這樣到底要幹嘛？他就這樣，有什麼大不了的？你要管的，是什麼？就是食衣住行、吃喝玩樂，然後兩個人在一起，不要去講什麼對錯。

要是老公的方法，老婆並不喜歡，老婆的方法老公也不喜歡，那你們就劃一個界線，什麼事情歸老公管，什麼事情歸老婆管，做好就好。以我跟我先生為例，我們就有一個約定，你的公司就聽你的，你是老闆，我是會計，你想怎麼搞都聽你的。我覺得他這樣的決定很糟糕，怎麼辦？就讓他搞，有什麼要緊的？換過來說，我也有我自己的公司，我有我的責任，我要怎樣做，他也不能插手，我們之間有這種協議。

好比你負責煮麵、我負責炒青菜，我不能管你怎麼煮麵，你也不能管我怎麼炒青菜；你煮完我就吃，我煮完你也吃。意思就是你們兩個人要劃分好，現在這件事情是誰做、那件事情是誰做，那你只要做好自己的事情就行。

不過，為什麼搞到最後，有人會被罵？答案很簡單，因為他沒把事情做好。今天錢都交給你管，沒想到最後都花光光，買了什麼都不曉得，當然會被罵啊！所有的事情都可以管，只要有一個簡單的家庭會議，講清楚你管什麼、他管什麼，分配好就沒事了。

要是遇到那種喜歡把人教來教去的，或是比較誰的解決方案比較好、誰的結果不好，在家裡不是讓你當老師或當教授的地方，一直教到家裏去，最後一定會出事的。你就是管：「我做什麼」、「你做什麼」，甚至於「小孩子如果我帶，聽我的方法；小孩子如果你帶，聽你的方法」，沒有什麼「你不能這樣、你不要這樣，叫你不要你偏偏……」一直要教別人的心態，任誰都受不了的。

只要是人，本來就是這麼一回事。他之所以做他做的，就是因為他認為是這樣，他的選擇最正確。那麼，你要糾正他？沒什麼好糾正的，只要他沒有外遇、只要他沒有做出不品格的事，原則上，你是不能動他的。

如果另一半做了不生存的事……

舉個不品格的例子來看。如果他老公一天到晚熬夜，明明很晚了還一直滑手機，怎麼不跟老婆一起睡覺？也沒有履行夫妻義務，這就一定會有問題。

我跟我老公這麼多年來，都一起牽手上床。這是需要協議的。你要明確地告知對方，這是你的「要求」，我們應該幾點睡覺，而且是一起睡。夫妻之間，妙就妙在有一個「性」的關係，不是一定要做愛，而是一個男的跟一個女的在一起，可以做任何事情，陪你逛街、陪你去玩，還包括一起睡覺——夫妻的義務之一，就是要陪睡，這是一個非常有趣的事情。

夫妻會不會一起逛街，還在其次。你可以自己去逛街，也可以跟朋友去逛街，但是，你只能跟你的配偶一起睡覺。所以，另一半跟你在一起，有一個很重要的功能就是睡覺。

我常跟別人說，我跟我先生是睡覺夫妻。而且很有趣，我從國外飛回來，他也從歐洲回來，都有時差的問題，但我們上床睡覺的時間都一樣，有時候，兩個人就一直睡到中午都沒有起來，有時天還沒有亮，我們兩個人都同時醒來了，這件事情一直讓我覺得滿奇怪的，明明時差不一樣，卻都睡一樣的時間，配合的天衣無縫。所以，這是夫妻關係裡讓人很開心的一個事情，你可以跟對方同步去做一些事情。

如果牽涉到生不生存的問題，如果對方硬是要這樣幹的話，你得要好好坐下來，跟他討論為什麼要這樣做？就拿熬夜的事來說，你要問他，為什麼認同（或不認同）？然後你告訴他，該睡覺就上床，對小孩比較好，我們當父母的人需要身教，你的意見是什麼？然後我需要你陪我睡覺，你有什麼想法？我需要你維持身體健康，你有什麼意見？

但是，你得知道，這並不是今天講，明天就會發生的事情。我為了要我老公不要喝可樂，奮戰了十年，甚至還要買可樂給他喝，因為我不買，他自己會買啊！所以，我都先買好可樂、香腸後放著，看著他吃。每次看著老公拼命吃他最喜歡吃的香腸，那種完全不忌口的吃法，簡直是讓我跟香腸結了深仇大恨。我就這樣看他一條、一條、一大段、一大段切著吃，吃了十年，看得我眼睛愈來愈大。直到現在，他才稍微少吃一點。

做老婆的人，工作就是服務老公，就是要關心他，要他開心。如果你不買的話，他一定出去偷吃，不然就天天吵架，這樣有什麼好處？我幹嘛一直唸？失去我當老婆的形象，對不對？到後來，有一天，他自己說：「老婆，你以後不要再買香腸給我了，我不需要吃香腸了。」

「喔，是嗎？我看你還是需要的。」

我還是偶爾買一包，然後他就說不。我說：「可是我買了，你都有吃啊！」他說：「你買了，那我不吃怎麼辦？」喔！又是我的錯。好，那以後我就不買了。後來他每次跟我去菜市場，就叫我不要買香腸。為了這一天的到來，我跟他戰鬥了大概十五年。

我讓他吃，不代表我就很開心、很喜歡；我讓他做，然後一段時間我才會講，告訴他，為什麼我會這麼不喜歡他吃香腸、喝可樂。可是，不能每次都拚命嘮叨，要求他不要吃這個、不要喝那個……這樣很煩啊！大概兩年，我只講一次吧。

你不要什麼事都想去管人家，而是要去了解一下，你到底管他的目的是什麼？你為什麼要管他？你覺得他做這樣不好，擔心他、要照顧他之類的理由，可是講了自己也覺得好笑，到底為什麼要管他呢？你有什麼理直氣壯的事情，要合情、合法、合理，講一個我們都可以同意為什麼要「管」。

至於這樣的做法，算不算是另一種形式的「寵」？

我們來釐清這件事情。

如果他表現出的那些不生存行為，是跟你在一起之前，就已經這樣子了，這就不是你寵出來的問題。

「寵」，是由你這裡出發的，才是寵。你突然遇到他，要求他改、矯正，突然把他抓去塑身、整骨、拉筋，這樣他當然會很痛苦。如果他自己並不想這樣，但是嫁給你之後，你把他寵得亂七八糟，他現在就會很囂張，即使離了婚要再結婚，問題還是很難解決——因為她會一直比較，說：「以前都這樣啊，現在怎麼不是這樣……」可是，她不曉得以前做的事是錯的！現在這個對象，也不是以前那個人。如果她還是嫁給同一個老公的話，可能還可以這樣要求，因為是他搞出來的禍。但是，你現在叫B來做A以前做的事情，你根本還沒做，就得罪B了。

「我前夫都會幫我買我最喜歡的名牌包包，你怎麼不這樣做？」

那不是更慘？就準備再離婚吧！把人拿來比較，是最殘忍的事情——比較你的前妻、比較你的前女友、比較你的男人，比較誰比較會做愛、比較誰比較會賺錢……乾脆逼對方去死比較快！做這種事情，很傷害人家的自尊。

如果要比，就比你自己有沒有比較漂亮？比你自己有沒有比以前進步？比你自己比以前體力更好？要是你這麼愛比，就去比這個。

比，一定要比有建設性的事，不是比沒有建設性的。當你把兩個不同的人拿來比，是最糟糕的事情，因為你媽媽也可以把你跟別人的女兒比，可以把你跟姐姐拿來比，妳老公也可以把妳跟別的女人比，這下就完蛋了——人比人，氣死人！千萬不可以去做這種事情，這是理智的問題。

你不能說：「我就是克制不了啊！」這是神經有病的辯解！要是每次你都說克制不了，那你應該去殺人，然後告訴警察跟法官：「我克制不了殺人的衝動！」有人能夠接受這樣的事嗎？這是一種不負責任的說法！

既然愛情裡不要去比較，那應該要怎麼做？

你就是要去認識這個人，張三就是張三、李四就是李四，每個人都不一樣，你怎麼把他拿來比？「人家都這樣，你都沒這樣。」那下次有人說：「我身邊的人都長很帥，你怎麼長那麼醜？」你豈不是要氣死？！因為這種比的東西，是那個人不能改的，你一直叫他要這樣、要那樣，完全沒有道理。

所以，你要想的是：讓他有這個改變的空間。因為，他跟你結婚之前，他就已經是這個樣子了，這並不是什麼無法原諒的錯。妳嫁給他的時候，妳很喜歡他的長相，覺得他很可愛，也覺得他沒什麼不健康的地方。那為什麼結了婚之後，他就突然變得這麼糟糕、這麼地不健康、這麼地可惡、這麼地奇怪？

或許，他真的很有問題。他每天熬夜打電動，滑手機，三更半夜都不睡覺。但是，你必須給他一個空間，就是讓他知道：「你要怎麼樣才睡得著？」

「你要怎麼樣才願意睡覺？」

「你覺不覺得這樣子比較好？」

「你有沒有看到身體有什麼樣的問題存在？」

你要幫助他了解，怎樣的選擇才會比較生存，而且你得明白，這不是一兩天就會改變的事，而是一個非常浩大的工程。

像我老公年輕的時候，身體素質是相當不錯的，他很容易瘦，身材也不胖，所以他也不覺得吃多了會怎樣，我沒辦法跟他說：「你吃那麼多，而且還專挑肥油吃，太油膩了……」因為他確實很健康啊！只要我告訴他這些，他就回應說：「你不必擔心啦，我會活得比你久！」那要怎麼跟他講？沒辦法跟他說這樣有什麼不好。我老公是那種活跳活跳的，很容易開心的那種類型，如果要跟他講這種勸戒的話，其實也根本講不過他，也沒有什麼好講的立場。

兩個人在一起，最重要的是什麼？就是開心嘛！如果你覺得有什麼地方不妥，你應該跟他討論，可是你不能要求對方決定之後，期待明天就會馬上改過來，因為他本來就是這樣！

後來，我老公變得很胖，三層下巴都出現了。我用的方法是一直改進我自己，我就努力讓自己愈來愈漂亮。直到有一天，他終於說：「老婆，我好像應該減肥，否則站在你旁邊，美女旁邊沒有帥哥，好像不太好吧！」

我說：「喔，你這樣覺得，是嗎？」

然後，他就自己減肥了十五公斤。當然，這又是經歷十五年的長期抗戰。你就是要曉得你的目標到底是要幹嘛？兩個人在一起，答案就是：他的快樂，比什麼都重要。你得衡量，你千方百計要求對方把這件事情做對了，但是他不快樂；換另外一個角度來說，這件事情可能沒做到你要的標準，可是他很快樂，哪一邊比較重要？你可以想想看。這件事情要想清楚，你真想清楚了，任何事情做起來，沒有困難度——或許還是有一點點，但是你會習慣，理智最後還是戰勝一切。

若你覺得快樂不重要，對罵人、吵架比較有興趣，那真的沒辦法，當你堅持自己想做的事情的程度，遠遠超過讓對方快樂，到了最後，幾乎非得走上離婚一途不可。對方的快樂，你並不覺得重要，你比較在意自己的堅持，可是那份堅持，讓你也不快樂啊！

你應該以什麼做為目標？當你以對方的快樂為目的的時候，是不可能離婚的。若是你堅持你選的這條路比較好，他選的這條路比較不好，那你已經把對方評估貶低完了，什麼都不必講了，溝通已經結束了，你已經違反兩人世界的規則——因為，你還是在算啊！

「我他媽的現在爽就好，哪會想到活到八十歲的時候？」

「我就是一定要吃香腸配可樂，然後再去吃奶油，否則不要跟我講活到幾歲。」

「就算你說的那條路比較好，我現在連今天都活不下去，幹嘛還想未來的事？」

你一直以為自己在計算，以為自己在幫他，以為這樣對他比較好……不對。話講回來，如果妳要求老公不要喝可樂，也不要吃香腸，這樣可以活到八十歲；老公就會說：「那我就喝可樂配香腸，活到六十歲就好！這是我的選擇，怎樣？妳現在就要離婚嗎？」

那好啊，你可惡、混蛋、王八，你活到六十歲就掛了，誰陪我？自己要想辦法活下去。如果你叫他現在就要改過來，他覺得很不快樂，那好啊，就讓他這樣。後來有一天，老公跟我說：「老婆，你要活到多久啊？你要活到一百二十歲？好，我就陪你活到一百二十歲。」

他自己就會想。意思就是，他做的再不好或再不對，也要等他自己覺悟，他才會改。如果他不覺得這樣不好或不對，要怎樣改？硬拗嗎？你一直跟他說：「你走路外八，內八比較健康，不要走外八！」怎麼改？他走路就是那個樣子。你可以跟他提到妳的觀察，如果他願意，就會慢慢去矯正、慢慢去改過來。

但是，有一種人被矯正，他本來是左撇子，硬被改成右撇子，那矯正雖然是成功的，可是對那個人是沒有意義的。

你告訴他說：「拿筷子要用右手，不要用左手！」

那他就改過來了，但是在他的意識下，並沒有真正要改，可是你把他拗過來了，他就變成慣用右手，這個並沒什麼困難，多練習就一定會的。他改成功了，可是他本人是沒有意願的。請問，這件事情有什麼意義？對你來說，這是個人見仁見智的問題，這件事情到底有沒有意義？那就要看媽媽的想法了。或許，媽媽堅持這樣很有意義，對不對？那是媽媽的堅持。可是，對小孩子來說，你問他有沒有意義？

現在講究人權，就問對方這樣有沒有意義？你可以討論。要是妳不喜歡老公熬夜，妳就問老公說：「老公，你每天熬夜會早死，你覺得這樣有沒有意義？」他如果覺得這樣沒關係，我就早死，那妳就問他：「你的意思是我們現在就要跟小孩說爸爸會早死，那在你死之前，有沒有什麼事情要先交待？」

「你早死了之後，那後面要怎麼辦呢？」

你就直接面對他，跟他講到底；只要能夠講清楚，就沒事啦！我跟老公講這個，至少十五年的抗戰，你可知道要講多久關於香腸跟可樂的事？要一直講這個東西，大概兩年講一次吧！這段時間下來，也講了八次，之後的結果，就是他現在沒在狂吃香腸、沒在狂喝可樂了。他可以很理性的偶爾吃喝一下，但不會特別去買，比起以前那種整天喝可樂的狀況，已經不一樣了。有時候他拿可樂來喝，我也可以接受呀！也不是所有喝可樂的人都會短命，就像有些老菸槍，也可以活很長。

所以，當你想清楚之後，你會發現：「我很在意的這件事，真的有這麼重要嗎？」你就不會一直去評估貶低，然後一定要這個、要那個，其實那樣很累的。

我媽媽一輩子就是這樣。她幾乎管我爸爸做每件事情的每個方法，管到後來，連我都覺得：「人生還有樂趣嗎？」被管的人都很沒有樂趣，你又管得很生氣，真的很奇怪。兩個人在一起，你要想的是「對方開心」。若是沒有讓對方快樂的目的，就會很殘忍，這樣的人不配談戀愛，更別說要結婚。更進一步來看，這就是許多夫妻最後之所以離婚的真正理由。

結婚需要磨合，磨合一定很痛苦。可是，只要你有目標，以對方快樂為主，就不會離婚。只有一種情況，離婚會成功，而且比較生存——離婚這個決定，讓你比較快樂。

如果是這樣，那只好離婚。如果你是為了以對方快樂為目標的話，是不會離婚的。

兩個人在一起的基本態度，絕對不是虐待對方，絕對不是自己享受。之所以要結婚，就是要互相幫助，他給你快樂，你也給他快樂。若是你從對方身上得到快樂，卻沒有相對地提供快樂回去給對方，在這種不平等的情況下，離婚，也是理所當然的結果；就算後面再婚了，還是會有一樣的下場。

正常來說，兩個人結了婚，是離不了婚的。之所以最後會離婚，是當中有人不以對方的快樂為目標，所以就分開了。更簡單地說，就是他不夠在意你。如果你真的夠在意對方的快樂，可以吵到天翻地覆，但一定不會離婚。就算你們吵架，還彼此還是很相愛，不可能離。

這是一個非常簡單的秘密：如果你還有一點點想要愛他的心，你就不會離。如果你很自私，而且你非常不在乎以他的快樂為目標，就會選擇離。一個當老婆的女人，都以老公的快樂為目的，光是這個條件，這個老婆你怎麼嫌？妳再醜、再奇怪、再三八，老公都還是覺得老婆有夠棒的，引以為傲。

「順從」是一種美德？

做老婆的人，如果能以讓老公快樂為目的，其實很簡單。但是，有些老婆是以「順從」對方為目的，又不一樣了。

「順從」，其實更進一步來解釋，是沒有用腦思考。你只是非常不負責任的「你愛怎樣做，就讓你怎樣做。」譬如說，老公對老婆說：「妳趕快去煮飯！」，妳就趕快去煮飯，他又說：「你要去化妝！」老婆就趕快化妝。可是，妳做了他叫妳做的那件事情，有沒有保證讓老公快樂？妳以為乖乖照做了，他就會高興？

這個跟婆媳問題是一樣的。妳以為婆婆叫妳回來拿豬肉，妳乖乖地回去拿豬肉，婆婆就會很快樂嗎？那真是很大的誤解。沒有把這個誤解想清楚，你就會一直亂搞，然後把人家評估貶低，以折磨別人為樂趣。你很不負責任地胡亂順從，你怎麼都看不到你順從之後，人家也沒多快樂啊？要先搞清楚，你為什麼要順從他，然後最後答案變這樣？

或許，你「順從」是出自好意，可是這樣的好意，並沒有好報啊！所有順從過女朋友的男人都知道，最後都會吃虧，人家只是任意使喚你，更慘的是，你從來沒有討她開心過。

你只是懶惰地這樣想：「我如果順從你，你就會給我機會，然後我就愛得到你。」大錯特錯！哪那麼容易啊？讓他快樂，是很花費心思的！

「我事事都順從你。」那是懶人的做法。更嚴重的問題是，你順從對方之後，並沒有得到快樂——你作賤自己，他也不快樂，然後他還變本加厲的要求愈來愈多，有點像小孩子跟媽媽拿錢，每要必有，媽媽不快樂，小孩也不開心，然後孩子愈來愈壞。最後媽媽不給錢呢？孩子就反過來打你，還可以用搶的、用罵的，這不是變得很奇怪嗎？媽媽一開始的好意，也只是要給他錢，從五塊、十塊、二十塊、一百塊、二百塊，一直到十萬、五十萬，到後來變成這樣。

要錢的人是不是愈要愈多？那有每次都只要五塊錢的？一定有一天會變十塊錢，媽媽不高興了，小孩子說：「你可以呀，給十塊呀！」好，又給了十塊錢，明天又來要二十塊，一定吵架。可是，小孩也不知道為什麼自己會這樣？但是，媽媽從來沒有跟他說：「不會再給你了，以後自己賺！」他可能就好了。

凡事有求必應，真的快樂嗎？要搞清楚，這是個很大的迷思。做老婆的一直順從，這麼多年來做牛做馬，累積了一堆怨氣，最後老公還是不要妳。換成男孩子也一樣，車子、房子都給了，錢也給對方全部都拿走，最後對方跟你說：「我要走了。」你才在心碎，借酒澆愁，這是不是很奇怪呢？明明你這樣順從著他，最後他反而變得很恨你，甚至瞧不起你，最後另一半外遇，跟別人跑了。

「順從」，是沒有辦法讓對方快樂的。那麼，怎樣才能讓對方快樂？答案就是，你只有進步一途，處理自己的問題。

許多的夫妻，其實在結婚一開始感情都很好，女人很願意好好地相夫教子，男人也很有良心地想要愛老婆。可是，後來發生什麼事？結婚的時候是滿分，但分數一直往下掉，就是看人不順眼，開始要糾正對方，或是整天擔心，想要特別照顧你，然後兩個人就吵架，感情就歪掉了，就相處不下去了。

其實，只要回到剛結婚的洞房花燭夜，那麼簡單，人生就好了。一百分嘛，還要怎樣？滿意得不得了。然後，他就開始想：「我要怎麼照顧你？」

「我們現在有什麼問題？」

「我們應該怎麼辦？」

有一天，兩個人終於吵架了，感情分數一直下降，就愈來愈悲哀了。

你要學會怎麼樣讓對方快樂，而不是一直講對錯。因為你不管幹什麼，你得先問問自己的目的是什麼？為什麼要跟這個人在一起？你到底是要愛他呢？還是要害他？搞清楚你要幹什麼。但是，千萬不要把「愛他」當做「順從他」，因為那樣他不會快樂。

有些女人的老公，都是被她們逼著「順從」。嚴格來說，她們的老公是不想順從著她的，老公只是想要老婆快樂，但是卻都被自己的女人逼著走，逼著順從，因為她似乎都會有一種方法，如果你不順從，她就有辦法對你怎樣。譬如說，老婆很愛回娘家，老公就只好載她回娘家，但她老公心裡是不想要的，她就一直要回去，也沒有比較快樂。

老婆不回娘家就很痛苦的這件事情，很像我老公一定要吃香腸，對吧？他拼命地吃香腸，我也沒有比較快樂啊！老婆就是一定要回家，那麼，老公只好被逼著一起回去。可是，回娘家去之後，她也沒有比較快樂啊！

我讓老公吃香腸這件事，我不是順從他，不是那種：「好啦，隨便你吃啦！」、「你愛吃就去吃，我買給你吃！」、「你就多吃一點，去死算了。」我不是抱著這樣的想法。我是讓他求得快樂，然後讓他知覺到：「這不是你真正要的快樂。」後來他就會知道，什麼是他要的快樂。

後記

追愛

我相信，你活了這麼久，應該「感動」過，也體會過「真情」。「感動」在哪裡？什麼叫「真情」？

這當中充滿了酸甜苦辣——不是只有甜，而是那個酸甜苦辣的個中滋味。既然是真情，你心裡知道這一定是真的，如果是假的，就沒有用。

人為什麼會喜極而泣？並不是哭就一定是感動，而是因為情感共振強烈到某個程度的時候，就會哭。

但有件事你得明白，真情跟感動也可以被創造出來的，就像演戲，要演員到達那個強度，那是一個基本訓練。情感表達不到那麼強烈，感覺就不會那麼深。

表達的強烈，是需要練習的。只要那個強度可以到那裏，就可以感動。如果要對一個陌生人講「我愛你」，會很困難嗎？要是把它當作一個練習，你可能會笑場，很尷尬，這都是騙不了人的，因為你還沒有這樣的功力。

既然我們講的是「追愛」，你就要敢——什麼叫「敢愛敢恨」？該愛的時候，你要講啊！該生氣的時候，就要生氣啊。但是，有些人就不會生氣，這樣的人叫做「沒張力」。當然，不是叫你有事沒事就去跟人挑釁，不是這樣子。但是你要有敢生氣的能力，敢生氣，就會說「我愛你」，因為那是一樣的強度。你不能生氣，沒這個能力，表現出來的強度就不會那麼的震撼。你講不出來，是要怎樣表達？放在心裡？

放在心裡，不過癮。每個女人都要聽到。那如果你不敢用很強烈的口氣跟他講：「我愛你」，你的愛情是不會及格的。

你要很深的去感受那個愛，而且必須能夠述說。所以，文詞造詣還是有幫助的，因為聽起來舒服。有人能表達到感人肺腑的水準，當然還是他的意境夠深遠。那些表達，是要練的。

當然，像小孩子這樣無邪也是很好，有時候他並沒有說什麼，你就可以知道他的心意，也不錯。但是，這樣的層次還達不到藝術的標準，就是勉強可以過關，但就只能這樣，不夠過癮。

愛情之所以美麗，關鍵就是這個原因。我之前出過的《說話的藝術》、《如何撒嬌》相關書籍，會對你的追愛很有幫助。要是你不會表達，不會撒嬌，不會講甜言蜜語，你不明白這些招術真的很有用，不會真的很吃虧。可是，重點不是你不會，而是你有沒有練，這才是重點。如果你有練，幾個字就可以了，沒有那麼困難。你隨便講幾句話，就可以撼動人心。

不過，所謂的「隨便講」幾句話並不是真的隨便亂講，也不是那些「梗」跟那些創意，而是心裡要表現的那些東西，所以，你當然得要修心。修心的同時，你一定也要修辭，然後也要練習講出來。很緊張，講不好，或是很尷尬，那些過程就是訓練，每一次的訓練都是這樣尷尬。即使你結婚很久，只要你不會，還是很尷尬。可是，美就美在那種尷尬的感覺。如果沒有那些尷尬跟起雞皮疙瘩，就沒有那麼的美。

要表現出那種純粹的情感，本來就不是這麼簡單，這是一生的功課。如果你不練，你的一生不會有真正的愛情。理由很簡單，好比你沒學過鋼琴，怎麼變成會彈鋼琴？不可能嘛。你希望你的愛情很美麗，你希望自己能夠暢所欲言，能夠侃侃而談，你希望見到對方可以很自在的撒嬌，這些統統要練。

我常跟還沒結婚的朋友說，你要趕快結婚，趕快練。如果沒有結婚，很難練出一個結果。你一定要針對一個人練，而且感情必須是真的。既然要表達真的感情，不對的人，怎麼練？一旦有了那個對象之後，就很好練。不過，就算有了對象之後，你有沒有在練？要修成正果，也不是這麼簡單。

有一天，當你結婚二十年，三十年，就會懂得那條路不是想像的那麼簡單。透過追愛，你開始有了不一樣的愛情。結婚的人也才開始明白，未婚的人其實幹了很多事情很可笑。未婚的人則是看不懂已婚的人到底在幹什麼，他覺得很奇怪，可是還是會被生活的小事情感動。結婚比較久的人，你可以看到他的感動，跟新婚的感覺是不一樣的。新婚的人講不出意境那麼深的話，也沒辦法逼他講。他描述不出那個感覺，因為他心裡沒有。

所以，為什麼光是聽到結婚的年份，你就會感動？這些都是真情所在。感動，是來自他真正的那份心，那就是演戲的人為什麼要去學的原因。因為他們要揣摩那份真，然後把它演出來，那是純技巧。但是，一般的不是演員的普通人就不是這樣。一般人只要真的有那個心，就可以講出來。我們是一般人，我們不是明星，也不是演員，所以要做的，就是真正的講出那個感覺。

我們一直在探討，怎麼樣追求愛情，怎麼樣談戀愛，怎麼樣把愛情談的圓滿，這是生活裡很重要的功課。當你可以把愛情談好的時候，你的心就會滿，這個非常重要。若是心不滿，你一天到晚就想偷雞摸狗，然後唉聲嘆氣，沒有勇氣，沒有衝勁，彷彿生命缺了一角，就是缺了這個元素。

這個元素沒有辦法從天而降，不是一見鍾情就會解決了。如果你這樣想，真的是童話看太多，活在幻想的世界裡。這完全是跟種樹一樣，種一顆榕樹，要長成百年大樹，得慢慢累積。這跟練功也是一樣的道理。所以你要願意練，因為這一個滿，對你很重要。

你可以看到，有一些人少一跟筋，有一些人看起來木訥，有些人看起來就是不愉快，或是憔悴，或是多少有些不舒服，都是心不夠滿。那個心不滿，從這個角度是這樣看，從另外一個角度就是：做了太多不應該做的事情，因為都沒在練。

有練的人，你看大師的臉，功夫比較好的臉都不一樣。那他不是只練功夫嗎？怎麼臉會變那樣？那就是所謂的氣質。為什麼彈鋼琴彈一彈，小提琴拉一拉，那些人看起來都很漂亮？因為他有氣質。可是，這個氣質不是天生的五官，是他那個神情，因為吃這麼多苦才練出來的。

那麼，為什麼有些人看起來就呆呆的？最主要的原因就是「懶」，懶得像豬一樣，臉就有點像豬公，相由心生。你每次偷雞摸狗，臉看起來就是偷雞摸狗。你一天到晚虛情假意，臉看起來就是戴著面具。這些都會寫在臉上。如果你仔細去看一個人的臉，他一生的故事，大概都寫在臉上。

我非常強調，一定要練，才會改變氣質，否則就算妳是個美女，最後都不會美。你一直很不勇敢，你的臉就會寫出很不勇敢。你很漂亮，但是不太有心，你的臉就會寫著不太有心。你要把你的臉練好，要下功夫，下在哪裡都可以，它就會累積。你只要有一個專業，或是只要有個一技之長，或是你認真的東西，它就會寫在臉上。你必須把自己保持在一個想要追求的樣子裡面，那會讓你很美。

愛情，也是一樣。為什麼要找一個一起進步的另一半？要不然，一個巴掌拍不響啊。他就一副那個死德性，看起來就是呆子，讓人很反感。兩個人相對相看，就是要練

追愛

那個感覺。你呈現給人的感覺，就是自身的水準。你有一點尷尬，水準就是到這裡。有點不自在，水準就到這裡。當你覺得很舒服，水準到了哪裏，你自己會很清楚。這都騙不了人的，因為這都是累積。

我常提醒學生，你一定要經常練。但是很多人就是不相信，這個東西練了會多有用。很多人會說：「我講不出來！」因為他的情感都已經堵塞了，那個管道已經不通暢了。這就像對人的敏銳度，如果你是做生意的，天天跟人接觸，就不會堵塞。若是你常常待在家裡，足不出戶，你的感知就會堵塞，就算碰到有機會成交的人，運氣也沒了，因為你連基本該說的話都講不出來。

追愛，就是一個天天要做的訓練。你身邊最親近的人，每天跟他擁抱跟從來都沒有擁抱，一定不一樣。你從沒有好好抱過你爸媽，今天爸媽過生日，要你去擁抱他們，當然會有困難。那你有了老婆，要跟老婆擁抱，你會很尷尬。我們練習，是為了讓你的生活不管遇到什麼情況，都可以非常地舒服自在。

最後祝天下有情人，終成眷屬；願天下有心人，終得幸福。

陳顧問時間2

當你閱讀這本書之後，你會發現自己本來就有很多的問題。然而，在進步之後，又會發現更多的問題，因為這些問題你以前沒看到。人生的重點，不在於你沒問題。解決大問題，獲得大幸福；解決小問題，獲得小幸福；沒問題的人，也不會有幸福。

我是如何失敗的

擁有超過二十年企業管理經驗的陳顧問，事業成功，婚姻美滿。很難讓人想像，也曾經窮困潦倒到身無分文，甚至婚姻愛情亮起紅燈，偌大的公司卻無生意上門。這些經驗，她決定藉由新書《我是如何失敗的》，提供讀者作為借鏡，並以十年作為一個階段，告訴你：成功有它的條件，失敗更有它的原因，失敗並不可怕，可怕在於你不知道你為何失敗。

如何撒嬌

人與人之間的相處，不是靠學歷或是金錢或是講道理才能親近，而是「舒服」兩個字，最好的方式，就是「撒嬌」。在這本書中，作者除了告訴你該如何撒嬌、撒嬌有什麼好處，也讓你知道你為何不敢撒嬌，徹底擊破你內心深處的那道防線，讓你恢復人際關係更圓融的能力。

離婚黑皮書

關於婚姻，你要先了解一件事：既然你能結，就能夠離。這是另一種逆向思考——當你真正地想過「離婚」，當你可以坦然面對「失去」的時候，你才可以真正的「擁有」。了解「離婚」，不管對一個結過婚的人或是沒有結婚的人，都是非常正面的態度，這也是我要出這本書的主要原因。

遊走刀鋒的外遇

你不能因為做生意可能會賠錢就不做生意，既然選擇結婚，面臨外遇這樣的威脅也是很正常的事情，不能因為這樣，就把它做為逃避結婚的藉口。我們只需要去了解外遇是怎麼一回事，了解怎樣可以去避免這樣的事情。這本書藉由對外遇的探討跟了解，減少它對於我們生活中的威脅，把它發生的機率降到最低的程度。

做自己

為什麼「做自己」很重要？如果這件事真的那麼重要，你又要怎樣去做自己呢？在本書當中，詳細地解釋為什麼你一定要「做自己」，也告訴你該如何去「做自己」。每個人的「做自己」都是量身訂做的，就像訂做的衣服穿起來一定合身，絕不會多一吋或少一吋，不會太短也不會太長。至於那個長度與衣服的質料呢？完全由你自己決定。

尋情歷險坊

《尋情歷險坊》原本是一個獨特的工作坊，當初成立的目的，是因為有很多人對愛情、婚姻存在著許多迷思。他們在經過《尋情歷險坊》的開導之後，異口同聲都說希望能夠早個十年認識作者陳海倫顧問，人生就會不一樣。本書給各位的資訊，讓讀者有機會為自己一生的幸福進行更深入的探討，了解什麼是婚姻，了解生活，了解自己到底發生什麼事。

說話的藝術

會不會說話的差別，簡直像黑與白、水與火、天堂與地獄一般。在關鍵時刻，講對一句話就可以救回一條命，說錯一句話，隨時都要了你的命！本書作者陳海倫顧問，具備二十年以上專業諮詢經歷。因為職業與興趣的關係，推出《說話的藝術》幾乎是必然的使命。希望藉著此書，跟各位讀者分享多年來寶貴的經驗。

追愛

讀者回函卡

對我們的建議：

郵票請帖於此，
謝謝！

台北郵局第118-322號信箱
P.O. BOX 118-322 Taipei
Taipei City 10599 Taiwan(R.O.C)

創意出版社　收

封　口

追愛

讀者回函卡

謝謝您購買我們出版的書籍，請您抽空填寫這張讀者回函，並延虛線剪下、對摺黏好之後寄回，我們很重視您的寶貴意見，謝謝！

@基本資料

◎姓名：________________________________

◎性別：□男　□女

◎生日：西元 __________ 年 ________ 月 ________ 日

◎地址：________________________________

◎電話：____________ E-mail：____________________

◎學歷：□小學　□國中　□高中　□大專　□研究所（含以上）

◎職業：

□學生　□軍公教　□服務業　□金融業　□製造業

□資訊業　□傳播業　□農漁牧　□自由業　□家管

□其他________________________

◎您從何種方式得知本書？

□書店　□網路　□報紙　□雜誌　□廣播　□電視　□親友推薦

□其他

◎您喜歡閱讀哪些類別的書籍？

□商業財經　□自然科學　□歷史　□法律　□文學　□休閒旅遊

□小說　□人物傳記　□生活勵志　□其他

◎您對本書的意見：

內容：□滿意　□尚可　□應改進

編排：□滿意　□尚可　□應改進

文字：□滿意　□尚可　□應改進

封面：□滿意　□尚可　□應改進

印刷：□滿意　□尚可　□應改進

國家圖書館出版品預行編目 (CIP) 資料

追愛 / 陳海倫作 . -- 初版 . -- 臺北市 : 創意出版社
2023.02 (創意系列 ; 29)
ISBN 978-986-89796-7-3(平裝)

1.CST: 戀愛 2.CST: 兩性關係

544.37 112000799

創意系列｜29

追愛
談一輩子的戀愛

作者｜陳海倫
責任編輯｜劉孝麒
美術編輯｜王尹玲 / 周孟涔

出版｜創意出版社
發行人｜謝明勳
郵政信箱｜台北郵局第 118-322 號信箱
P.O. BOX 118-322 Taipei
Taipei City 10599 Taiwan(R.O.C)

電話｜(02)8712-2800
傳真｜(02)8712-2808
E-mail｜creativecreation@yahoo.com.tw
部落格｜first-creativecreation.blogspot.com
印刷｜世和印製企業有限公司

定價｜380 元
2023 年 2 月初版